SYNCHRONICITY

シンクロニシティ徹底解説読本

K
けい・著

あなたに届けられる「贈り物」を見つける方法

廣済堂出版

はじめに

最近では、ひと昔前とくらべて、「シンクロニシティ」という言葉を耳にする機会がかなり増えてきているかと思います。

シンクロニシティとは、スイスの精神科医にして心理学者のカール・G・ユングが提唱した概念で、**「偶然の一致」もしくは「意味のある偶然の一致」のこと**です。

心理学の概念です。

一般的な例としては——

- 「22時22分」に「22-22」のナンバープレートのクルマを目撃した
- 友人のことを考えていた時に、偶然その友人から電話がかかってきた
- 欲しいと思っていたモノや情報が奇跡的な経路で手に入った
- 会いたいと思っていた人と奇跡的に出会えた
- 解決すべき問題のヒントや答えが偶然手に入った……など。

「えええっ！　なんという偶然だろうか！」「なんというタイミングの良さだろうか！」といった、ちょっと不思議で驚きをともなう偶然の一致体験、それがシンクロニシティです。

このようなシンクロニシティを体験すると、誰もが気持ちが高揚してうれしく感じることでしょう。しかしそれは「なぜ」そう感じるのでしょうか？

それは、**私たちの人生には、ある種の「人生の正しい流れ」というものが存在します。**この「人生の正しい流れ」とは、あなたが努力して行動していくことで形成されていきます。

そしてシンクロニシティを体験した時に、あなたの気持ちが高揚するのは、それが「自分の人生の正しい流れ」であり、「人との美しい絆《きずな》や繋がりを体感」するからです。

シンクロニシティを体験することで、私たちが住むこの世界には「人生の正しい流れ」が存在し、自分が考えている以上に「人生には大きな可能性がある」ことが自然と見えてきます。

これまでシンクロニシティには、まだ十分に解明されていない「大きな謎」の面もありました。

この不思議な偶然の一致は「なぜ起きるのか？」「何のために起きるのか？」「どのような仕組みで起きるのか？」「どうしたら活用できるのか？」。

これら多くの「謎」を持つシンクロニシティですが、この本ではそれらの「謎」をシンクロニシティの実例を示しながら解き明かし丁寧に解説していきます。

私は毎年、「年間１００件以上という膨大な数のシンクロニシティを体験」しています。その膨大な数の私自身の奇跡的なシンクロニシティの実体験と、長年にわたるシンクロニシティ研究から解明してきたことを、徹底的に解説していきます。

さらには、シンクロニシティを「起こす方法」、「解読の仕方」、日常生活での「活かし方」も詳しく解説していきます。

ぜひ、あなたもシンクロニシティを理解して、活用してみてください。

そうすることで、**「大小様々な奇跡的な出来事を体験し」「人生の正しい流れに乗り」「すべてのものとの繋がりを感じる」など、様々な体験をすることができるようになります。**

実際、私のブログや本の読者の方々にもシンクロニシティが多発しています。

そしてこの本をお読みになられている、あなたにも必ずシンクロニシティは起こります。より正確に言いますと、あなたにも多くのシンクロニシティが起こっていることに気づきはじめます。

そうです。すでにあなたにもシンクロニシティはたくさん起きているのです。

この本を一冊読み終えた時には、そのことがハッキリわかります。そして、「人生で起こる出来事には意味がある」「目標達成や問題解決がよりスムーズになる」「どんな場面においても希望があり道は開かれる」と、今まで見ていたこの世界が、これまでよりも美しく輝いて見えるようになります。

お待たせしました。それではこれより「シンクロニシティの世界」へご招待いたしましょう。シンクロニシティにまつわる地球の神秘の謎解きを、ページをめくりつつ、どうぞお楽しみください。

SYNCHRONICITY

目次

CONTENTS

SYNCHRONICITY

CHAPTER 第1章

シンクロニシティの「謎」の解明と基本構造

CHAPTER

第2章

シンクロニシティの実例〈基礎編〉

CHAPTER
第3章
シンクロニシティの解読方法とその実例〈応用編〉

CHAPTER

第4章

シンクロニシティとの上手な付き合い方

～あなたの人生にシンクロニシティを起こし、それを活用する方法～

CHAPTER

第5章

シンクロニシティの驚くべき真実

SYNCHRO FILE LIST

シンクロファイルリスト

この本で紹介しているシンクロファイルのリストです。「シンクロニシティを活用したい」と感じた時に、該当ページを参照してご活用ください。

CHAPTER: 1

第1章

シンクロニシティの「謎」と基本構造

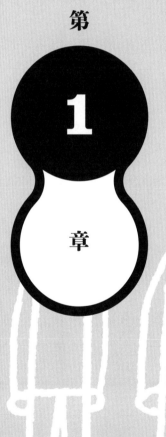

01

シンクロニシティを知ると、生活はどう変わるのか

シンクロニシティの基本構造をお話しする前に、シンクロニシティを知ると生活がどのように変わるのかをお伝えしておきましょう。

シンクロニシティは絶妙なタイミングで起こります。シンクロニシティの視点で出来事を見ると、多くの場合 **「あなたにとって必要な出来事が必要なタイミングで起きている」** ことに気がつくようになります。

そのため、あなたは「人生の正しい流れ」を感じるようになり、あなたの人生が「正しくスムーズに流れているのかどうかわかる」ようになります。

さらには、仮にあなたが人生の流れから逸《そ》れてしまってもシンクロニシティが起こり、それを知らせてくれますので、「正しい流れへ戻ることができる」ようにもなります。

問題解決や達成したい目標がある場合には、シンクロニシティを「解読」することで、その問題解決や目標達成のためのヒントや答えが届けられます。そのため、「問題解決や目標達成のスピードが圧倒的に速く」なります。

シンクロニシティの流れに沿って行動すると、「出会い」「モノ」「情報」を無理なくスムーズに適切なタイミングで得ることができるようになります。

つまり、**あなたの「夢や目標を達成」させて、あなたが「本当の自分を生きる」ことに、シンクロニシティが大きく役立つ**わけです。

シンクロニシティに従ってひとつひとつ行動に移していくと、効率よくスムーズに成長していくので、自分では無理だと思っていた夢の実現や目標達成も可能になってきます。

ぜひ、シンクロニシティをマスターして仕事や人生に取り入れてみてください。

02 シンクロニシティと集合的無意識

これからお伝えするシンクロニシティの「基本構造」を知っておくことで、いろいろなシンクロニシティに気づきやすくなり、実際の生活にも活かしやすくなります。

シンクロニシティとは、スイスの心理学者にして精神科医のカール・G・ユングの提唱した概念で、学問的には「共《きょう》時《じ》性《せい》」と訳されます。

一般的にはシンクロニシティは「意味のある偶然の一致」とわかりやすく訳されています。

シンクロニシティの基本構造を理解するために、シンクロニシティとセットで知っておいていただきたい言葉が「集合的無意識」です。

この集合的無意識もユングが提唱した概念で、「国や地域や民族そして時代を超えて、すべての人はみなこの『集合的無意識』と繋がっている」という考えです。

ユングは「場所」「人種」「時」を超えてすべての人は意識で繋がっているというのです。

集合的無意識を図にすると、このようになります。

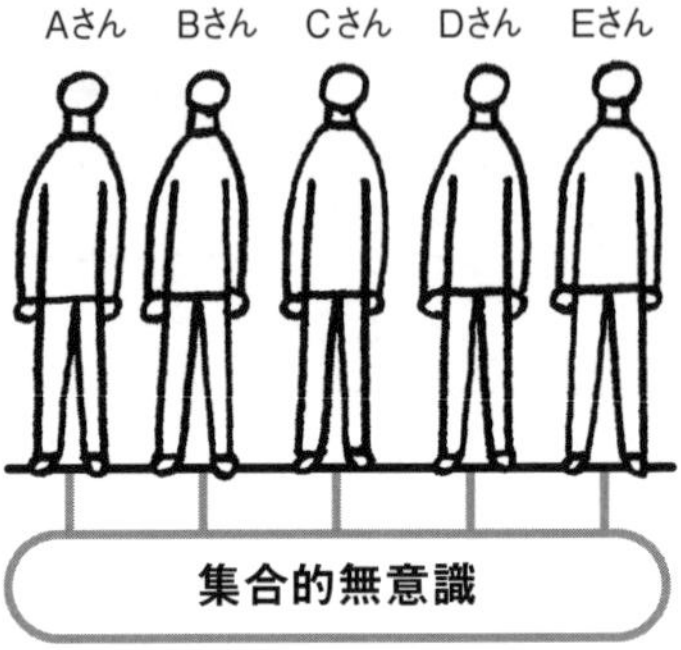

Aさん、Bさん、Cさん、Dさん、Eさんは、それぞれ別々の存在ですが、誰もが「意識」の領域で集合的無意識を通じて繋がっているということです。

この集合的無意識とシンクロニシティは密接に関係しています。

後々、詳しく解説していきますが、全人類がこの集合的無意識と繋がっているという視点で考えると、シンクロニシティの仕組みが見えてきます。

まずは、ユングの集合的無意識という領域で、**「あなたの意識はすべてと繋がっている」**という考え方があるということを知っておいてください。

「人はすべてと繋がっている」ということが、シンクロニシティの構造を理解するための基本となります。

03

シンクロニシティの基本構造
～すべてと繋がっている～

それではまずはシンクロニシティの基本的な構造を説明しましょう。この基本構造がわかると、どのような仕組みでシンクロニシティが起きるのかハッキリとわかるようになります。

私たちがシンクロニシティの構造を理解する上で最も大切なことは、先ほどの「集合的無意識」の領域で、

「あなたの意識はすべてのモノと繋がっている」

ということです。これは先ほど、ユングの集合的無意識で説明しましたが、ここではさらに詳しく具体的に解説していきます。

これから少しずつ解説を加えていきますが、集合的無意識の領域で「あなたの意識はすべてのモノと繋がっている」とはどういうことかと言いますと、文字どおり「この世にあるすべてのモノ」と意識は繋がっているということです。

そうです。**「ありとあらゆるものすべてとあなたの意識は繋がっている」**のです。

まずは、ここを押さえておくことが大切です。この視点でシンクロニシティを見ますと、面白いようにシンクロニシティの構造が見えてきます。

それでは、この「あなたの意識はすべてのモノと繋がっている」とはどういうことなのか、すでにこのことを聞いたことのある方もいるかと思いますが、私の言う「すべて」とはちょっと普通とは違いますので、そのあたりもしっかり解説していきましょう。

「あなたの意識はすべてのモノと繋がっている」

これをイメージしやすく解説するとこうなります。先ほどのユングの集合的無意識の図を、思い浮かべてみてください。Aさん〜Eさんたちは、見えない集合的無意識という領域で繋がっていました。これをもう少し身近なものに例えて解説をしてみましょう。

あなたは身近な人々と繋がっている

集合的無意識を説明する時に、人間の手の平を使って例えることがよくあります。

ではまず、あなたの左手です。左手の人差し指を見てください。それが「あなた」です。そしてその左隣にある左手の親指をみてください。それが、「あなたのご家族の誰か」です。そして右隣にある中指、薬指、小指は「あなたの親しいご友人たち」です。

あなたとご家族とご友人たちは一見別々の指に見えますが、じつは手の平で繋がっています。先ほどのユングの集合的無意識の図と同じように、あなたの意識とあなたの身近な方々の意識はこのように「繋がっている」わけです。

これを図にするとこうなります（次ページ）。

いかがでしょうか。あなたとあなたの身近な方々が繋がっていることを、この手の平のようにハッキリとイメージすることができましたでしょうか。それではここから、さらに、この「繋がっている」イメージを膨らませていきます。

あなたは海外の人たちとも繋がっている

次はあなたの右手です。右手の人差し指を見てください。それが、たとえばですがアメリカの大人気ギタリスト「エドワード・ヴァン・ヘイレン（愛称エディ）氏」とします。そしてその右手の親指がアメリカにいる「エディ氏のご家族の誰か」で中指、薬指、小指がアメリカにいる「エディ氏のご友人たち」です。

右手の人差し指のエディ氏にとってもご家族とご友人たちは一見まったく別々の指に見えますが、じつは5人とも手の平で繋がっています。

そしてここからが大切なのです。あなたの左手と右手は身体を隔てて繋がっているように、左手の人差し指である「あなた」は、遠く海の向こうのアメリカにいるエディ氏たちと「繋がっている」わけです。

これを図にするとこうなります（次ページ）。

いかがでしょうか？　あなたの左手と右手のように、あなたの意識は、海の向こうの海外の方々ともしっかりと繋がっているということがイメージできましたでしょうか。

このように、あなたの意識は「場所」や「人種」を超えて繋がっているわけです。

いかがでしょうか。ユングの言う「集合的無意識は、『場所』『人種』を超えて繋がっている」という意味の理解が少しずつ深まってきましたでしょうか。

あなたの意識は「時」を超えて繋がっている

ここでちょっと疑問に思った方もいることでしょう。

「あれ？　エドワード・ヴァン・ヘイレン氏はすでに天国へ還られたので、この世にはいないのでは？」と思われた方もいるでしょう。

そうです、そのとおりです。

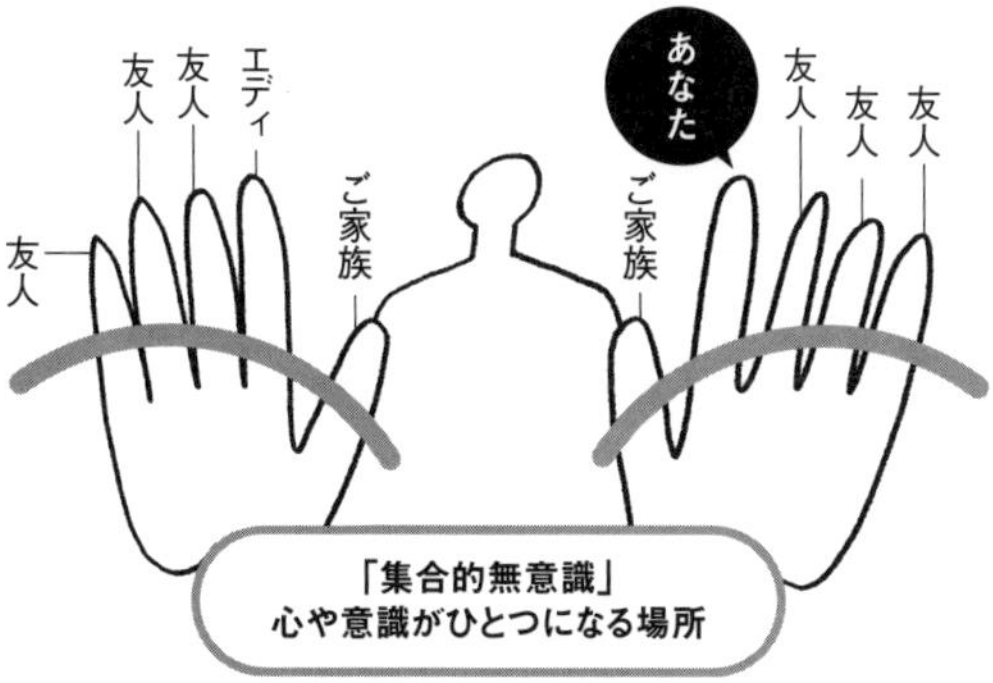

しかし、すでに他界されているエディ氏を、わざわざ、この集合的無意識の説明に出したことには大きな理由があります。

心理学者ユングは「集合的無意識は『時代』も超えて繋がっている」と言っています。

これは、**かつて地球に存在していた人の意識とも繋がっている**という意味です。

この集合的無意識の概念からすると、エディ氏もかつて地球に存在していましたので、彼の意識とも「時」を超えて繋がっていることになります。

このユングの考え方を、少し発展させて考えてみましょう。

現在もエディ氏の意識が存在しているかは、いったん保留にしておきますが、現在もエディ氏の意識が存在していると仮定すると、あなたの意識は「この世」にはいないエディ氏の意識とも繋がっているとも言えます。

これを図にするとこうなります（次ページ）。頭の部分を「あの世」にしましょう。

このように、あなたはすでに天国へ還られたエディ氏や「あの世」とも繋がっていることになります。

しかし、これは「現在もエディ氏の意識が存在する」とあくまで仮定した場合の話です。

「あなたは現在もエディ氏の意識が存在すると考えますか？」
「存在しないと考えますか？」

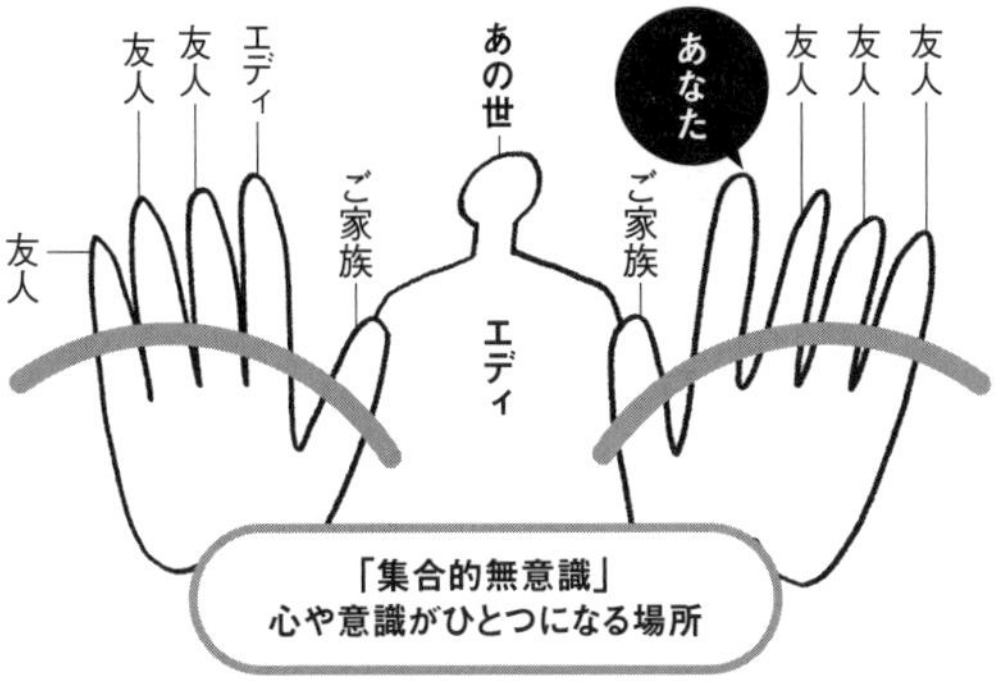

　これを証明することは、なかなか難しいことでしょう。しかし、この謎を解くための大きなヒントとなり得る「驚愕《きょうがく》の事実」があります。

　この謎に関しましては、第5章で詳しく解説しますので、ここではいったん保留として、話を先に進めましょう。

　この謎につきましては、この本の第5章に書かれている、現実に起こった事実の情報をもとに、あなた自身で判断してみてください。

　第5章までちょっとお待ちください。それでは、「集合的無意識」の解説を続けます。

あなたの意識は「生物」「植物」「鉱物」など、すべてのモノと繋がっている

それでは、さらにユングの集合的無意識を発展させて考えて、あなたの意識が繋がっているイメージを膨らませていきましょう。

それでは左足をイメージしてください。左足の5本の指を「ライオン」「桜の木」「岩」「ノート」「パソコン」、そして右足の指を「太陽」「地球」などなど、としてみましょう。

左手人差し指である「あなた」は身体を介して左足や右足と繋がっていますので、あなたは「生物」「植物」「鉱物」「品物」「惑星」などなど、これら「すべてのモノと繋がっている」とイメージしてみてください。

これが、

「あなたの意識がすべてのモノと繋がっている」

あなたはすべてのモノと繋がっている

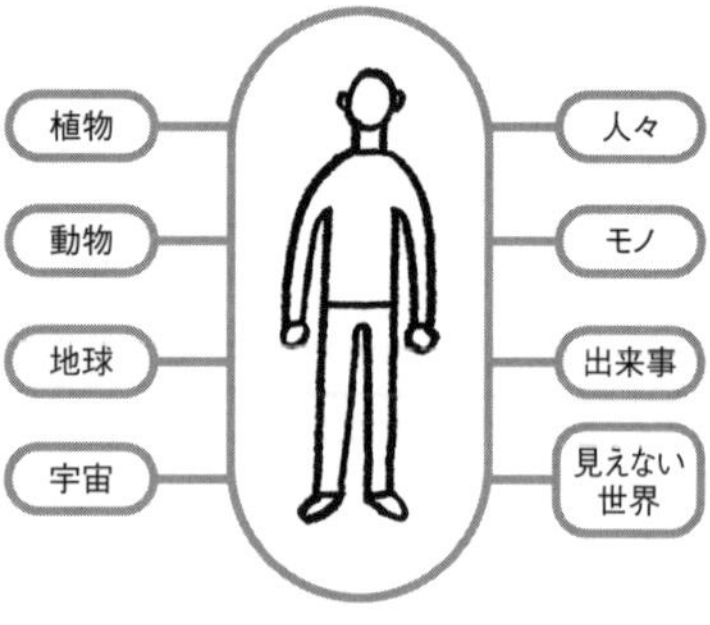

というイメージです。このように、この世界にあるありとあらゆるモノと自分の意識が繋がっているとイメージしてください。このイメージが、シンクロニシティの「構造」や「発生の仕組み」の理解に大きく役立ちます。

このイメージをもとに、実際に起きたシンクロニシティを観察し、分析をしてみてください。すると、シンクロニシティの発生の構造をより深く理解できるようになります。

04 シンクロニシティが起こる仕組みと「謎解き」

では次に、この「あなたの意識はすべてのモノと繋がっている」というイメージのもとに、一体どのようなメカニズムでシンクロニシティが起きているのかを、「謎解き」をしながら見ていきましょう。

じつは、この「あなたの意識はすべてのモノと繋がっている」という視点が、シンクロニシティがどのようにして起きるのかという謎を解く鍵となります。それでは実際に「シンクロニシティの謎」をひとつ解いてみましょう。

まず手始めに誰もが体験したことのあるシンクロニシティの実例を使って謎を解いてみましょう。

謎1 「別々の心がひとつになるシンクロニシティ」の謎

これは多くの方々に経験があることだと思います。学生時代に体育祭や文化祭などで、クラス全体でひとつの演技や競技などに取り組むとき、クラス全員でみんながエネルギーを出し合い、素晴らしい最高の成果を得ることがあります。

そして、その時に誰もがクラスの皆との一体感を感じて「心がひとつになった」と感じたことでしょう。

また、たとえば家族や友人や恋人との間で、言葉にしなくても同時にまったく同じことを考えていて、「あ！　今、気持ちが一致した。心がひとつになった」と感じたこともあるでしょう。

このような体験は大なり小なり誰にでもあるかと思いますが、じつはこの**「心がひとつになる」という現象もシンクロニシティ（意味のある偶然の一致）のひとつ**です。

しかし、このような体験は、ある意味ちょっと不思議です。

「どうして別々の心や気持ちがひとつになり一体感を感じるのか？」

「そもそもどうして気持ちがバラバラだったりひとつになったりするのか？」

といった謎を感じることでしょう。あなたは「なぜ」このようなことが起こると思いますか？

この謎を解くには、先ほどの「あなたはすべてのモノと繋がっている」という集合的無意識の視点で考えるとビックリするほどスッキリと謎が解けます。

では、この謎を実際に解いていきましょう。

先ほどの左手を思い出してください。先ほどと同じように、左手の人差し指が「あなた」、その他の指を「クラスメイトたち」とします。

図にするとこうなります。

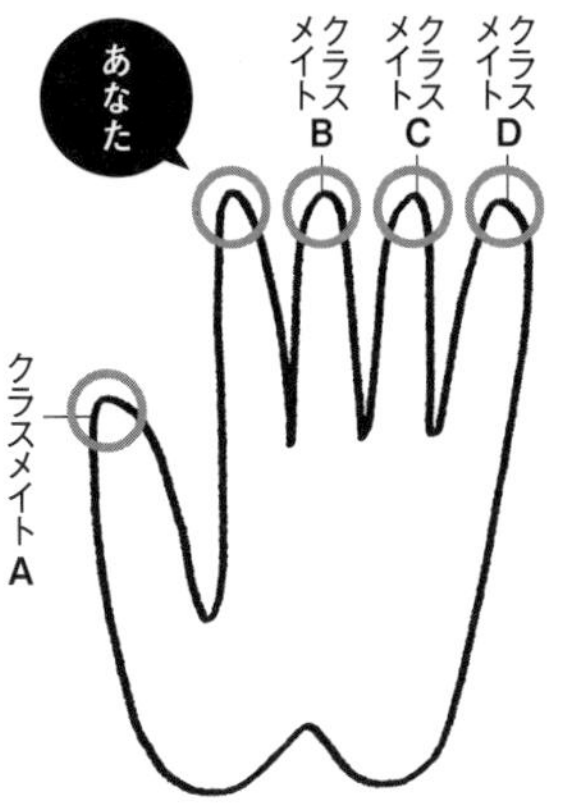

そしてこの図にある丸印が、それぞれの人たち

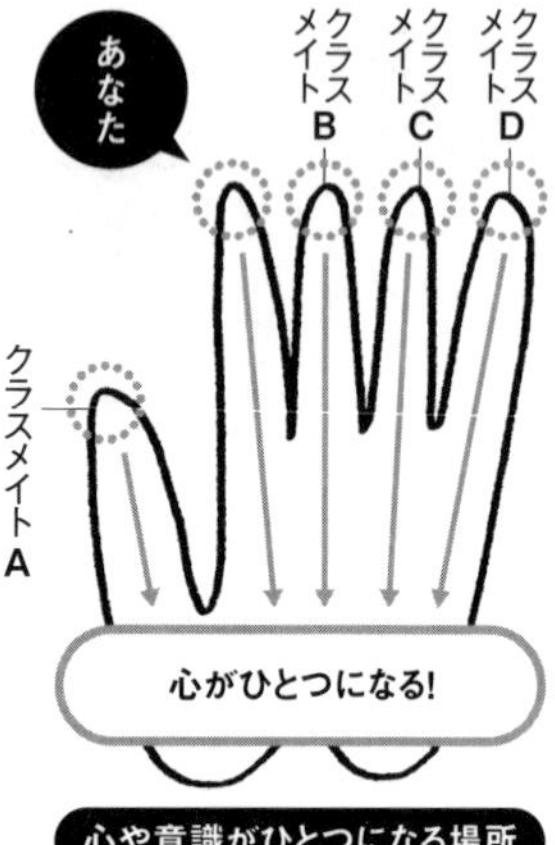

心や意識がひとつになる場所

の「心・意識」がある位置を現しています。この図のように、普段は人それぞれ別々のところに「心・意識」があります。これが通常の状態です。各々が別々の目的に向かって行動している状態です。

　しかし、体育祭や文化祭などで、クラス全員がひとつの目的に向かって行動すると「心・意識」はどうなるかと言うと、各々の「心」や「意識」がひとつの「場所」に集まってきます。

　その「心」や「意識」がどこに集まるかというと、ちょうど手の平のところ（先ほどの「集合的無意識」のところ）に集まってくるのです。

ここでは、その手の平のところを「心や意識がひとつになる場所」としましょう。

図にするとこうなります。

　つまり、この図のように、普段は忘れてしまっていましたが「あなたとクラスメイトたちは、そもそもはじめから繋がっていた」のです。だから「心がひとつになる」わけです。

別々だった心がひとつになるのではなく、手の平のように集合的無意識の領域でもともと繋がっていたものがひとつの「場所」に集まるから「心がひとつになる」のです。

だからこそ実際に理屈を超えて、心がひとつになったという「一体感」をあなたは感じることができるわけです。

いかがでしょうか。これでスッキリと謎が解けたことでしょう。

「どうして別々だった皆の心がひとつになり一体感を感じるのか？」。その謎の答えは、**「それは皆の『心』や『意識』はもともとひとつに繋がっていたから」**となります。

ユングの集合的無意識の視点で考えると、このように説明することができるわけです。

謎2 「以心伝心、欲しかったモノが届けられるシンクロニシティ」の謎

では、次の謎を解いていきましょう。

このシンクロニシティも多くの方々が体験したことがあるかと思います。

「あなたがなにげに『葡萄《ぶどう》が食べたい』と思っていたところ、家に帰ったら家族の方が、なんと！　葡萄を買ってきてくれていた！」

といったようなシンクロニシティです。

「あっ！　ある！　私にもそんな体験ある！」という声が聞こえてきそうですね。これは「プレゼント系」のシンクロニシティです。

SYNCHRO POINT

自分が欲しかったモノが絶妙なタイミングで他者から与えられる

といったシンクロニシティです。

実際、こういった出来事は私もよく体験しますが、これはとにかくとてもうれしいシンクロニシティです。

「ええっ！　どうして葡萄を食べたかったのがわかったの？　ありがとう！」と喜んでしまいます。

このシンクロニシティの多くは、家族や親友といった比較的「親しい間柄の人たち」の中で起こります。

あなたが「葡萄を食べたい」と思った時に、たまたま葡萄を買うことができる場所にいるご家族の方が「なんとなく」葡萄を買って帰ろうかなという気持ちになるわけです。

ご家族の方が「あなたの気持ちをキャッチして」実際に葡萄を買って帰ると、このシンクロニシティが成立するわけです。

しかしこれはとても不思議なことでもあります。

実際に「葡萄を食べたい」と、あなたがご家族の方に言っていたとしたら、そのご家族の方も「あ！　そういえば葡萄を食べたいと言っていたな。じゃあ買って帰ろうか」となっても不思議ではありません。

しかし、このシンクロニシティでは、あなたが葡萄を食べたがっていることを「知らないはずのご家族の方が」葡萄を買ってきてくれてしまうのです。

これはとても不思議なことです。このような不思議なシンクロニシティが一体どうして起こるのでしょうか？

どうして知らないはずのモノを買ってくることができたのでしょうか？

ではこの謎を解いていきましょう。やはり、ここでも「あなたはすべてのモノと繋がっている」、この集合的無意識の視点からこのシンクロニシティを見てみると謎は見事に解けます。

このシンクロニシティを図にすると、こうなります（次ページ）。

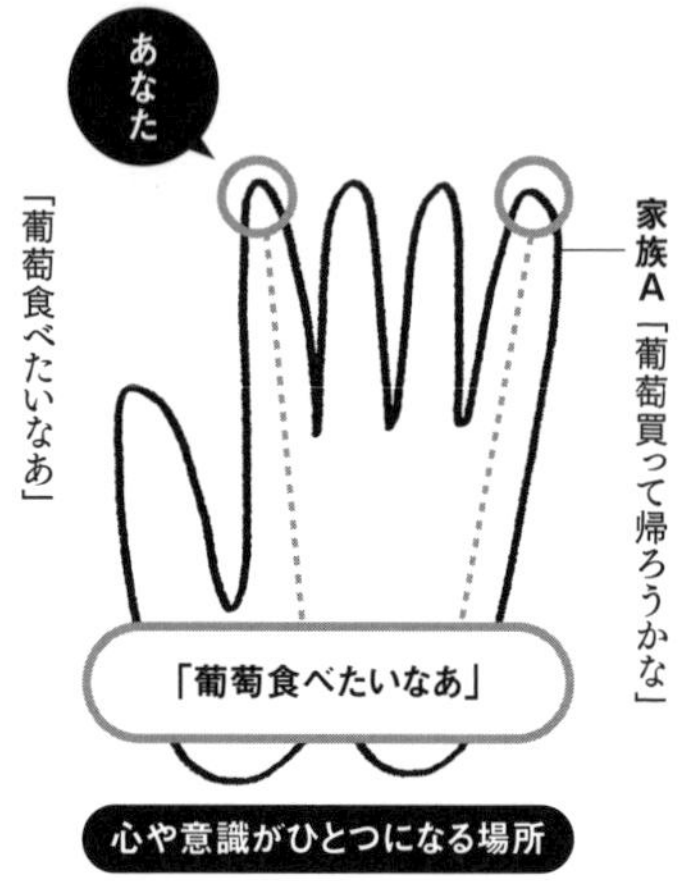
あなた
家族A「葡萄買って帰ろうかな」
「葡萄食べたいなあ」
「葡萄食べたいなあ」
心や意識がひとつになる場所

「心や意識がひとつになる場所」があります。そこにはあなたの「葡萄を食べたい」という想いもあります。ご家族の方は、そこにあったあなたの気持ちをキャッチしたわけです。

　あなたもあなたのご家族の方も意識はそこで繋がっているので言葉を交わさなくても、あなたが「葡萄を食べたがっていること」をご家族の方が無意識的に知ることができたわけです。

　そして、ご家族の方は「なんとなく」葡萄を買ったのです。

　じつはこの「なんとなく」という感覚は、「あなたが無意識的に必要な情報をキャッチしたときに湧いてくる感覚」です。

　ですから、この「なんとなく」の感覚を行動に移すと、この葡萄の話のようにシンクロニシティが起こることがとても多いのです。

　このようなシンクロニシティは「相手のことを大切に思っている間柄で起こる」ことが多いです。

それは相手のことを大切に思う「思いやり」の気持ちがあると、先ほどの体育祭や文化祭のケースと同じように、私たちの意識は「心や意識がひとつになる場所」に近づいていくからです。

その「心や意識がひとつになる場所」へ行けば、他者とも繋がるので、他者の気持ちも言葉を超えて感じとることができるわけです。

「どうして知らないはずのモノを買ってくることができたのか？」。この謎の答えは、「ご家族の方が『思いやり』の気持ちから『心がひとつになる意識の場所』に近づき、無意識的にあなたが葡萄を食べたがっていることを知ることができたから」です。

SYNCHRO POINT

思いやりの気持ちを持つと「心や意識がひとつになる場所」に近づける

いかがでしょうか。

「あなたの意識が他者と繋がっている」ということが、シンクロニシティを通して、より具体的に理解していただけているとかと思います。

謎3「友人からかかってくる電話シンクロニシティ」の謎

さらに理解を深めるために、もうひとつの謎解きもしてみましょう。

「ふと、友人の顔が思い浮かんだ、まさにその時に、まさかのタイミングでその友人から電話がかかってきた」

これも実際に多くの方々が体験したことのあるシンクロニシティかと思います。このような出来事を実際に体験すると、身をもって「ああ、本当に繋がっているな」と感じます。

しかし、これもよくよく考えると本当に不思議な出来事です。

電話がかかってくる寸前に、相手のことが思い浮かぶとは、これはもう「予知能力」です。

これには一体どういうカラクリがあるのでしょうか。

では、この謎解きをしていきましょう。もうだいたい答えの予想はついてきましたでしょうか。いかがでしょうか？

「なぜあなたが友人の顔を思い浮かべた時に、その友人から電話がかかってきたのか？」

その答えは、こうなります。

「あなたの意識はすべてと繋がっていて」その友人があなたに「そろそろ電話しようかな」と

考えはじめた時に、それが「心や意識がひとつになる場所」を通じて、あなたは意識の深いところでそのことを知ったからです。

あなたは目で見えない「知らないはずの情報」つまり、「その友人があなたに電話をしようとしていること」を意識レベルで知ってしまって、ふとその友人の顔が浮かんだわけです。

図にするとこうなります。

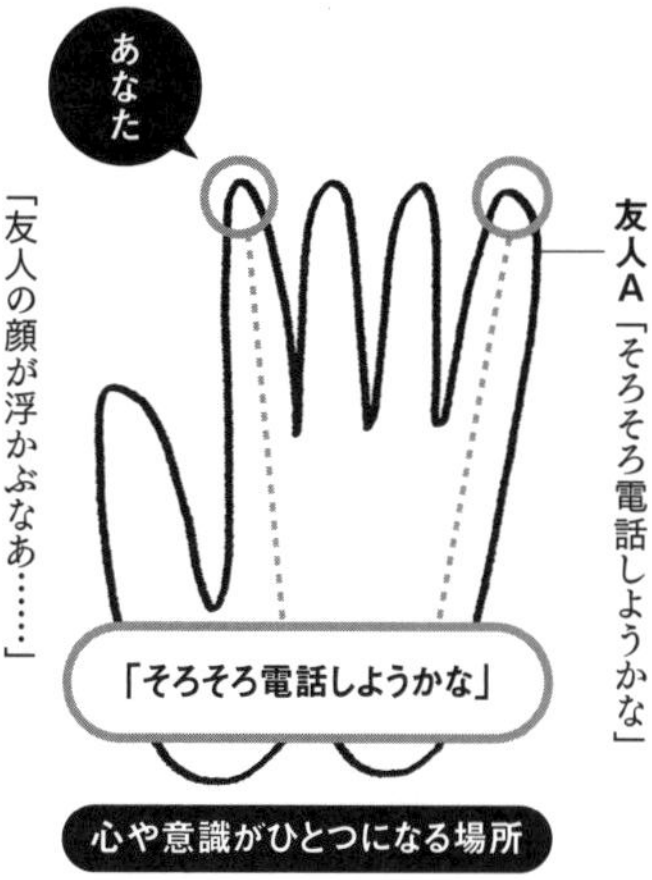
あなた
友人A「そろそろ電話しようかな」
「友人の顔が浮かぶなあ……」
「そろそろ電話しようかな」
心や意識がひとつになる場所

あなたの意識と友人は繋がっているので意識のレベルでは、あなたはその友人が何をしようとしているのかを、じつは知っているのです。


あなたが友人の顔を思い浮かべたから電話がかかってきたのではなく、友人があなたに電話をしようとしていることを意識レベルでキャッチしたので、友人の顔が思い浮かんだのです。

これが、この電話シンクロニシティの謎の答えです。

このように「ふと頭の中に浮かぶコト」とは、さきほどの葡萄の話の「なんとなく」の感覚と同じように、あなたの無意識が「心や意識がひとつになる場所」から、キャッチした情報であることが多いのです。

ですから、**「ふと頭の中に浮かぶコト」を行動に移すと、シンクロニシティを起こしやすくなります。**

そして、このようにあなたの意識は「心や意識がひとつになる場所」を通じて、すべてのモノと繋がっていますので、深い意識のレベルでは「本来見えないはずのモノも見え」「本来知らないはずのことも、知ることができる」わけです。

SYNCHRO POINT

あなたの意識はすべてと繋がっているので、本当はすべてを知っている

このことは、この先のシンクロニシティの実例を読み進めていくと、次第に納得が深まっていくかと思います。

また、先ほどの「葡萄」と、この「電話」のシンクロニシティは「相手が食べたいと思っているモノ」や「相手が電話をかけようとしているコト」を察知しているので、これはいわゆるテレパシーと言えます。

テレパシーとなると驚かれる方もいるかもしれません。しかし、事実、葡萄や電話のシンクロニシティを体験したことがある方は「言葉を使わずに相手の考えていることがわかってしまった」わけですから、テレパシーを使っていることになります。

このような出来事は、実際に多くの方々が体験しています。つまり、**テレパシーとは特別な能力ではなく、これらのシンクロニシティの実例からもわかるように、実際は誰もが大なり小なり使っている**わけです。

さて、ここまで「謎解き」を使って、シンクロニシティが起こる仕組みを解説してきました。

まとめますと、

シンクロニシティは「あなたの意識はすべてと繋がっている」といった基本構造のもとに、「心や意識がひとつになる場所からくる合図」をもとに行動した時に起こる。

これが「シンクロニシティの起こる仕組み」です。

つまり、「心や意識がひとつになる場所からくる合図」に気づき、それを行動に移すことで、シンクロニシティを起こすことができるわけです。

そうすることで、シンクロニシティの「正しい流れ」に乗ることができるのです。

05

シンクロニシティの合図に気づきやすくなる8つのコツ

シンクロニシティを実際の生活で活用するためには、まずは「心や意識がひとつになる場所からくる合図」、つまり、シンクロニシティの合図に「気づくこと」が大切となります。

シンクロニシティにはいろいろなタイプがありますが、じつはこのシンクロニシティの合図に気づきやすくなるコツがいろいろとあります。とてもカンタンなコツです。

一体どうするとシンクロニシティに「気づきやすくなる」のでしょうか？

これも大きな謎のひとつではありますが、じつは「答え」はとてもカンタンです。

これまでの図をもう一度見てください。

「体育祭」「葡萄」「電話」どのシンクロニシティも、ポイントとなるのは「心や意識がひとつになる場所」でした。

つまり、この**「心や意識がひとつになる場所」に自分の意識を近づければ、シンクロニシティの合図に気づきやすくなる**わけです。

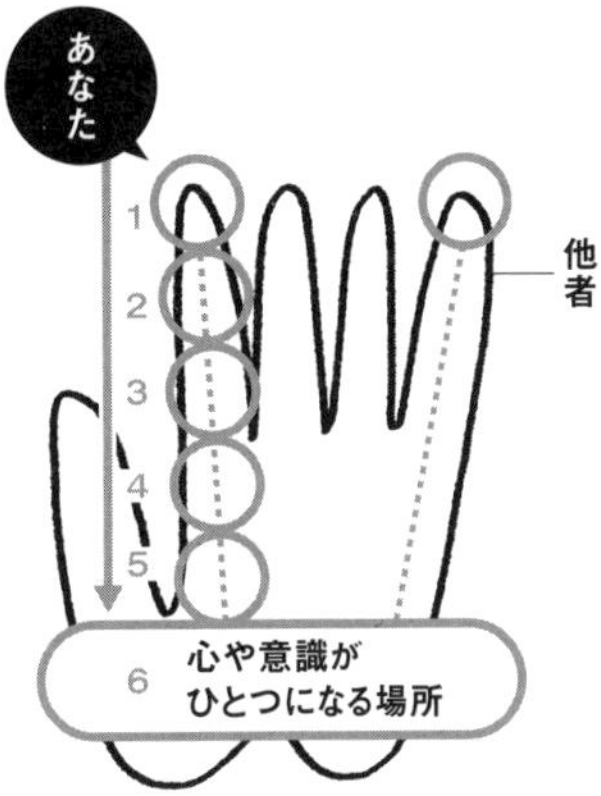

普段の日常の意識が左図の1のあたりだとしますと、2→3→4→5→6と、あなたの意識をより「心や意識がひとつになる場所」に近づけていけばイイわけです。

（普段から5、6の段階の意識で生活している方もたまにいます）

そうすることで、確実にシンクロニシティの合図に気づきやすくなります。

では、具体的にどうすれば「心や意識がひとつになる場所」に自分の意識を近づけられるかと言いますと、次の8つを大切にしてみてください。

シンクロニシティの合図に気づきやすくなる8つのコツ

① シンクロニシティの合図のパターンに詳しくなる
② 「なんとなく」「頭に浮かぶこと」を大切にする
③ 「思いやり」の気持ちを大切にする
④ 心を落ち着かせ、リラックスさせる
⑤ 何かに集中し、夢中に努力する時間を過ごす
⑥ 前向きの思考で愛と調和を心がける
⑦ 世のため、人のためになることをする
⑧ シンクロニシティの「実例」をたくさん知る

コツ1 シンクロニシティの合図のパターンに詳しくなる

シンクロニシティの合図には一定のパターンがありますので、そのパターンを知り詳しくな

ればなるほどシンクロニシティの合図に気づきやすくなります。

この先、そのパターンを詳しく解説していきますので、この本を読み終える頃には、あなたも確実にシンクロニシティの合図に気づきやすくなっています。

コツ2 「なんとなく」「頭に浮かぶこと」を大切にする

シンクロニシティの合図は「なんとなく」という感覚や「ふと、頭に浮かぶこと」としてやってきます。このふたつを大切にすることで、確実に合図に気づきやすくなります。

また、シンクロニシティは「心や意識がひとつになる場所」と繋がることで起こりますので「心や意識がひとつになる場所」に、あなたの意識が近づくとシンクロニシティに気づきやすくなります。③～⑦までは「心や意識がひとつになる場所」に近づく方法です。

コツ3 「思いやり」の気持ちを大切にする

「葡萄」シンクロニシティで解説しましたように「思いやり」の気持ちを大切にすると、自然と「心や意識がひとつになる場所」に近づけます。「思いやり」の気持ちを大切に生活すると合図に気づきやすくなります。

コツ4 心を落ち着かせ、リラックスさせる

明鏡止水《めいきょうしすい》という言葉がありますが、穏やかな湖面には月がキレイに映し出されるように、心が落ち着いていると合図に気づきやすくなります。

ただし、イライラと心が乱れていても、シンクロニシティの実例や合図のパターンを知っていれば、十分合図に気づくことができますので、ご安心ください。

コツ5 何かに集中し、夢中に努力する時間を過ごす

たとえば、人は好きなことをしていると、自然と夢中に努力ができます。そして充実感を得て心が満たされます。このような意識状態の時も合図に気づきやすくなります。

自然と、必要なアイデアが、どんどん思い浮かぶようになります。

コツ6 前向きの思考で愛と調和を心がける

「前向きの思考」と「愛と調和」が大切です。

「愛と調和」とは、周囲の人たちに思いやりを持ち、負担や迷惑をかけることなく、そして、自分自身を成長させる向上心を持ち、過度な無理がなく、明るく健やかな心の状態ということです。

この「愛と調和」という言葉を意識して生活してみると、合図に気づきやすくなります。意識するかしないかで結果が大きく変わります。

コツ7 世のため、人のためになることをする

世のため、人のためになることをすると、自然と意識が「心や意識がひとつになる場所」に近づいていきます。これに関しては後の章で実例をもとに詳しく解説します。

コツ8 シンクロニシティの「実例」をたくさん知る

これが合図に気づく最大のコツとも言えます。たくさん実例を知ることで、「あ、これはあのパターンかも」と、自然とシンクロニシティの合図に気づきやすくなります。

この8つのことを意識して生活しますと、シンクロニシティの合図に確実に気づきやすくなります。ぜひ、おためしください。

CHAPTER: 2

第2章

シンクロニシティの実例〈基礎編〉

ここでは、かなり驚愕の奇跡的なシンクロニシティから、日常的なうれしい小さな奇跡といったシンクロニシティまで、いろいろとご紹介していきます。

実例をたくさん知ることで、あなたにもシンクロニシティが起こりやすくなりますので、楽しみにお読み進めください。

01 シンクロニシティの実例〈驚愕編〉

それでは、実際に起きた驚くべきシンクロニシティの実例をお伝えしていきます。驚くような奇跡的な「偶然の一致」の実例ですが、やはりこれがとても面白いのです。

シンクロニシティ「意味のある偶然の一致」とは、一体どれほどまでの奇跡的なことが起こり得るのか？　それはとても興味があることかと思います。

CASE 01

驚愕！ まさかの経路で連絡がとれたシンクロニシティ

シンクロファイル NO. 01

まさかの経路で「連絡先」が届く

このシンクロニシティには私も本当に驚きました。それは、とあるテレビ番組を見ていた時のことでした。その番組では地球や社会をよりよくしていこうという活動をしている方々が紹介されていました。

それは、有志の方々が集まり、これからの地球や社会の在り方を話し合ったり、よりよい社会にしていくための新技術や考え方に関する情報交換などを行ったりする会でした。

私はそれを見てとても興味を持ち、「なんとかその人たちと連絡をとりたい」と思いました。私はテレビ局に電話して、その方々の連絡先を聞いてみました。すると、連絡先はとくに公開されていないのでお応えできませんとのことでした。

そこで、私は同じ系統のことに興味のある知人たちに聞いたり、本や雑誌に連絡先が載っていないか調べたりして、真剣に連絡先を探しだそうとしました。しかし、どこにもその方々の連絡先の情報は見つかりませんでした。当時はインターネットも今ほど普及しておらず、情報を得るのもなかなか大変でした。

それでも私はどうしても連絡をとりたくて連絡先を探していたわけですが、どうにも連絡先が見つからずに途方に暮れていました。

そんなある日、「なんとなく」知人が働いているリラクゼーションサロンに久しぶりに行ってみました。

そこの談話室には本棚があり、そこにはズラリとたくさんの雑誌と書籍が並んでいました。

そこで私は「なんとなく」雑誌でも読もうかと思い、そこにあった100冊以上あるバックナンバーの雑誌の中から「なんとなく」適当に一冊の雑誌を選び手に取りました。

するとここで、なんと！

驚愕レベルのシンクロニシティが起こりました！

その手にした雑誌をなにげにパッと開くと、そこに一枚のA4用紙がふたつ折りにして挟まっていました。「なんだろう？」と思い開いて見てみると……そこには、なんと！

私がずっと探していた「テレビに出ていた方々の連絡先」が記載されていたのです！

「うおおお！　マジか！　マジでこんなことが本当にあるんか！」

と、これには、私も本当に驚きました。

「なんとなく」行った知人の働くサロンで、１００冊以上もある中から「なんとなく」手にした一冊の雑誌に、「ずっと探していた人たちの連絡先」が挟んであったのです！

本当に驚愕でした。

そしてこのシンクロニシティによって、私はその人たちと連絡をとりいろいろと話をうかがい情報を得ることができたというわけです。

いかがでしょうか。これは本当に驚愕レベルの体験でした。シンクロニシティはこのような驚愕で奇跡的な経路で、私に連絡先を届けてくれたわけです。

このシンクロニシティを解説しますと、やはり「なんとなく」「頭に浮かんだこと」を実行に移したことが、このシンクロニシティを起こしたポイントとなります。

この「なんとなく」とか「ふと頭に浮かぶコト」というのは、第１章でもお伝えしましたように、「心や意識がひとつになる場所」からの情報をキャッチした時の感覚です。

そして、「なんとなく知人の店へ行く」「なんとなく一冊選ぶ」といった「なんとなく」「頭に浮かぶコト」を実行したことで、このシンクロニシティが起こったのです。

このように**「なんとなく」「頭に浮かぶコト」を実行すると、これほどまでの奇跡的なシンクロニシティが起こることがある**ということを知っておいてください。

SYNCHRO POINT

「なんとなく」「頭に浮かぶコト」を実行するとシンクロニシティが起こる

「求めよ、さらば与えられん」という言葉がありますが、真剣に探し求めて「努力」や「行動」をしていると、このような奇跡的な出来事を起こしてシンクロニシティは願いを叶えてくれることもあるわけです。

「人生は何があるかわからないので、自分がどうしたいのかをハッキリさせて、あきらめずに行動する」ことが大切なのです。

その後も、私はこのような奇跡的なシンクロニシティを何度も体験しましたが、これはあなたの人生にも必要に応じて必ず起こりうることです。

あなたの人生にもこのようなシンクロニシティを起こす方法につきましても、順を追って解説していきます。

シンクロファイル NO.02 龍村仁氏の「エンヤ氏」との出会い

このようにシンクロニシティは奇跡的な出来事を起こしてまでも、「必要な人には出会わせてくれる」といったことを叶えてくれることがあります。

このような「出会いを叶えてくれるシンクロニシティ」が、映画監督の龍村仁氏の『地球《ガイア》のささやき』（KADOKAWA）という本にも書かれていました。

龍村氏はアイルランドのミュージシャンのエンヤ（Enya）氏との出会いが、驚愕のシンクロニシティによって叶えられました。

龍村氏は自分の映画にエンヤ氏に出演してもらいたいと思いました。しかし当時の龍村氏にはエンヤ氏と繋がるルートはまったくなかったので、エンヤ氏の所属事務所の住所に手紙を書いて映画の出演を依頼しました。

ところが、まったく返事はありません。それでもあきらめずに龍村氏は合計で三通の手紙を書きました。しかし、やはり返事はありませんでした。

そんなある日、アイルランド関係の人が集まるパーティの席で、たまたま龍村氏の隣に白人の女性が座りました。龍村氏は彼女に自分の映画の話をした後、なにげに「エンヤという歌手をご存知ですか？」と尋ねてみました。


すると、ここで驚愕のシンクロニシティが起こりました！


なんと！　その女性はアイルランド北端の人口２０００人の小さな村の出身で、エンヤ氏と同じ歳のエンヤ氏の幼馴染だったのです！　しかも、さらに実家がエンヤ氏の家のまさにお隣さんだったのです！　驚愕です！

龍村氏がエンヤ氏と連絡がとれずに困っていると伝えると、彼女はこう言いました。

「じゃあ、私が明日エンヤの実家の方に電話をしてあげるわ」

そして次の日、なんと！　エンヤ氏から龍村氏に電話がきました。そして、そこからとんとん拍子にエンヤ氏の映画出演が決定したとのことでした。


いかがでしょうか。このシンクロニシティもかなりの驚愕です。しかし、実際にこのような出来事がシンクロニシティによって起こるのです。

では、このシンクロニシティを解説しましょう。先ほどの私の「連絡がとれたシンクロニシティ」と、この龍村氏の「エンヤと連絡がとれたシンクロニシティ」には、じつはひとつの共通点があります。

それは「動機」です。私がテレビに出ていた人たちと連絡をとりたかったのは、私個人の興味というよりも、どちらかというと「その情報を得て社会をより良くしたい」という動機からでした。

そして龍村氏も『地球交響曲《ガイアシンフォニー》』という「地球のことをより多くの方々に知ってもらいたい、地球をより良くしたい」という動機から作っている映画に、エンヤ氏に出演してもらいたい、連絡をとりたいと願っていたのです。

じつはこの**「社会や地球をより良くしたい」という気持ちになると人は「心や意識がひとつになる場所」に自然と近づき、驚愕レベルのシンクロニシティが起こりやすくなります。**ここが最大のポイントです。

何か願いごとをする時は、自分の名声やエゴのためではなく「自分の天職に就くことで、社会貢献をしたい」とか「幸せな結婚をすることで、社会をより良くしたい」というように、「自分の願いを叶えることで、社会をより良くしたい」

という意識で願いごとをするとよいかと思います。これが最大のポイントとなります。
すると、このような奇跡ともいえるシンクロニシティに助けられ願いが叶えられることがあるわけです。

SYNCHRO POINT

社会や地球をより良くしたいという気持ちが、驚愕シンクロニシティを起こす

CASE 02

驚愕！欲しかったモノがまさかの経路で与えられる

シンクロファイル NO. 03 ちょうどぴったりサイズの「缶箱」

先ほどのシンクロニシティは「人との出会いを届けてくれる」驚愕のシンクロニシティの実例でした。
それでは次は、シンクロニシティが「欲しかったモノを与えられる」という驚愕のシンクロ

ニシティの実例をお伝えしましょう。
こちらもちょっと日本昔話みたいな不思議な話で、これがなかなか面白いのです。ふと「こうだったらイイな」と思ったことが偶然の出来事によって実現していくエピソードです。

私は以前、名古屋に住んでいたのですが、当時の部屋はワンルームでした。部屋もさほど広くはないのでモノを収納する場所が少なくて大変でした。
そんなある日、ふとキッチンの上に備え付けられている棚を見ると、一番上の棚のところに高さ15センチくらいの空間が空いていることに気がつきました。
「あのスペースにピッタリ入る箱があったらイイなあ」と、私はふと思いました。

このふと「ピッタリサイズの箱が欲しい」と思ったことでシンクロニシティが起こり、まったく思いもよらない経路で叶っていくわけです。

その数日後、私は仕事が終わった後に、街のATMへお金を引き出しに行きました。そしてふと手元をみると、そこに誰かのキャッシュカードが置き忘れてありました。

「ああ、これはマズイな、落とし主の方は困るだろうな」と思い、私はすぐに近くの警察署にそのカードを届けに行きました。

それから数日後、そんな出来事もすっかり忘れた頃でした。夕方「ピンポ～ン」と部屋のチャイムが鳴りました。それは宅急便でした。私に何かお届け物が届いたわけです。

送り主の名前を見ると、私の見知らぬ方の名前が書かれていましたが、受取人が確かに私の名前で書かれていましたので、私はその小包を受け取りました。

「一体何だろう？」と思いつつ、包みを開くと中から一通の手紙が出てきました。そしてその手紙を読むと「ああ、あの時の……」と、すぐに送り主の方が誰なのかわかりました。

その小包は、先日、私が街のＡＴＭで拾ったカードの持ち主の方からの、お礼のお手紙とお菓子だったのです。

私はただカードを警察に届けただけでしたが、こんなにも丁寧にお礼のお手紙とお菓子を送ってくださったことに感激しました。

そのお菓子は「きな粉煎餅《せんべい》」というお菓子で、注文を受けてから焼くというこだわりのお菓子でとても美味しかったです。

「いや～美味しいなあ。ホントにありがたいことだな」と思いつつ、そのお菓子が入っている四角い缶箱を眺めていると、ふとあることを思い出しました。

「まさか……」と思いつつも、私はその缶箱を手にとりキッチンの上の棚に近づきました。そして、おそるおそるその缶箱を棚の一番上の例の15センチほど空いているスペースにゆっくりと入れてみました。

「おおおっ！　マジか！」

その缶箱は、その15センチほどの空いているスペースに見事にピッタリと収まったのです。これにはちょっと驚きました。

本当に、そのスペースに見事にピッタリで、「このスペースのためにこの缶箱のお菓子が選ばれたのでは」と思うほどでした。

数日前に、ふと「あのスペースにピッタリ入る箱があったらイイな」と思ったことが、このような経路で叶うとは思ってもいませんでした。とても貴重なシンクロニシティ体験でした。シンクロニシティにより、まさかの経路で「願っていたモノが与えられた」わけです。

いかがでしょうか。**このシンクロニシティのポイントはやはり、他者のための「思いやりの行動」**です。

じつはそのカードを拾った日は土曜日だったのですが、その日、私はちょっと用事があり忙しい日でした。しかし、そのカードを見て見ぬふりをして届けなかったら、この出来事は絶対に起こりませんでした。

私はある程度忙しかったのですが「落とし主の方はお困りだろうな」と思い、警察に届けることにしたのです。この他者のための「思いやりの行動」がシンクロニシティを起こしたわけです。

もちろん自分のできる範囲でイイのですが、ホントに日本昔話のように他者のための「思いやりの行動」から、このようなシンクロニシティが起こるケースがあるわけです。

このようなシンクロニシティが実際に起こるということは、シンクロニシティは「思いやりを持ち正直に生きることの大切さ」を私たちに教えてくれています。

「情けは人のためならず」という言葉もあります。これは「人のためにやっていることは巡り巡って必ず自分のところにやってくる」という意味ですが、このようなシンクロニシティの実例を見ればわかりますように、それは本当です。

SYNCHRO POINT

他者のための思いやりの行動はシンクロニシティに繋がる

シンクロファイル NO. 04 剣道部顧問の「電信柱」

私は高校時代に剣道部に所属していました。その剣道部顧問から先ほどの缶箱のシンクロニシティの話と似たとても興味深い話を聞きました。

それは剣道部の同窓会の席で、剣道部顧問の先生は私にこんな話をしてくれました。

先生「『K』君、何があっても絶対に無理だと考えちゃいけないよ！」

俺「え、どういうことですか？」

先生「ぼくは教員になってすぐに家を建てたのだけど、その家はちょっと山の方にあって当時はまだ電気が通ってなかったんだ」

俺「え？　電気通ってないって、そんな時代だったんですか？」

先生「もちろん普通の家には通っていたけど、ぼくの家は一軒だけ離れたところにあったので、本当にぼくの家だけ電気がきてなかったんだ」

俺「なるほど……」

先生「だから一年以上電気のない生活を送っていたんだよ」

俺 「えええっ！ そ、それは大変っすねえ!!」
先生 「で、近くに一本電信柱を建てれば電気を通せたのだけど、電信柱一本の値段が当時のぼくの給料数ヶ月分だったので値段が高くて建てられなかったんだ」
俺 「うむむ……」

ささて、このあたりから話が一気に加速します。

先生 「ある日母親が映らないテレビの前でぼんやりテレビを眺めていた。映らないテレビの前でぼ〜っと画面を眺めていたんだよ。その姿を見た時に『これはイカン！ 絶対になんとかしよう！』と、本当に強く想ったんだ……」
俺 「ふむふむ」
先生 「それから数日後、たまたま『なんとなく』いつもよりも早く学校に行こうと家を出た。そして坂を下りバス停まで行くと、そこに老紳士がバスを待っていた。その老紳士はぼくに声をかけてきたんだ」
老紳士 「暑いですね……」

先生　「そうですね……」

先生　「会話は本当にそれだけだった。そしてしばらく無言が続いた後に、再びその老紳士がぼくに話しかけてきたんだよ」

老紳士「君はあそこの坂道から来たが、あそこの家には人が住んでいるのかね？」

先生　「ええ、ぼくの家です」

老紳士「えええっ！　あそこには電気が流れてないじゃろう？」

先生　「ええ、まあ、はい……」

老紳士「それはイカン!!　君、時間はあるかね？　私についてきなさい！」

するとその老紳士は先生を連れて市役所の市長室までずいずいと入って行きました。

そしてそこで、市長に向かってこう言いました。

老紳士「この時代に市内で電気が流れていない家があるとは!!　どう言うことだ!!　けしからん!!」

そして、なんと！
その数日後に電信柱が立ち、先生の家まで電気が流れはじめた、と言うのです！

先生「いやあ、あの時の老紳士には本当に助けられたよ。どういう立場の人だったんだろうねえ……」
俺「そんなことって実際にあるんですね！」
先生「だから、絶対に無理だと思っちゃいけないよ、人生何があるかわからないからねぇ」
俺「確かに……」

と、このような貴重な体験談を私に語ってくれたわけです。いかがでしょうか。この話もとても興味深い話です。
それでは、このシンクロニシティを解説しましょう。
中国の思想家の老子の言葉に、このような言葉があります。

「生徒の準備ができた時に、師が現れる」

この言葉はシンクロニシティの原理を現しています。そして実際に、私たちの人生で起こる出来事を観察してみると次のことがわかります。

SYNCHRO POINT

本人に準備ができた時に、物事が起こりはじめる

この電信柱のシンクロニシティも、まさにこの老子の言葉の「生徒の準備ができた時に、師が現れる」と同じパターンで起こっています。

この出来事は先生が電信柱を「絶対になんとかしようと強く心に思った」ことがきっかけになっています。

実際、この「絶対になんとかしよう」という強い想いを持った時、老紳士が現れています。

これを図にするとこうなります。

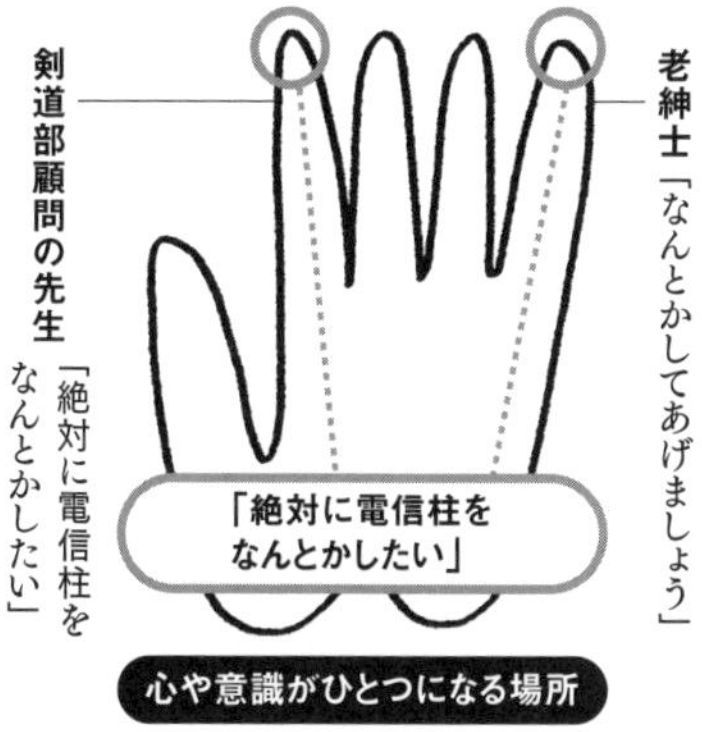
老紳士「なんとかしてあげましょう」
剣道部顧問の先生「絶対に電信柱をなんとかしたい」
「絶対に電信柱をなんとかしたい」
心や意識がひとつになる場所

このシンクロニシティのポイントは「絶対になんとかしよう」という気持ちです。先生は電気のない生活を一年ほど過ごしていました。この時期はある意味、電気が通らないことをあきらめてしまっていたわけです。

ところが、「これはイカン！　絶対になんとかしよう！」と思ったところから、このシンクロニシティが起こりました。ここが最大のポイントです。

目の前に問題がある時は、あきらめてしまっては何も起こりません。その問題と向き合い「絶対になんとかしよう」と思ったことで、この老紳士のシンクロニシティが起きたわけです。

SYNCHRO POINT

「絶対になんとかしよう」という強い気持ちがシンクロニシティを起こす

もちろん、自分自身の問題に関して、一番大切なのは「自分自身の努力や行動」ですが、シンクロニシティではこのように他者によって助けられるといったケースもあります。

ただし、自分自身でなんとかしようという強い気持ちがある時にそれが起こるわけです。

また、先生が「お母さんのために」と強く想ったのもポイントです。**「思いやりの気持ち」は「心や意識がひとつになる場所」に自然と近づくのでシンクロニシティが起こりやすくなり**

ます。

このように「強く願う」ことは大切です。しかし、強く願えば何でも叶うわけではありません。どれだけ強く想っても「自分のエゴからの願い」などは、むしろ結果的には叶わない方がよい場合もあります。

しかし、「あなたの願いが愛と調和に基づき正しいのであれば」、それは絶対に無理だと考えて、あきらめてはいけないのです。

先生は、この出来事を通じて、そのことを私に教えてくれました。

SYNCHRO POINT

あなたの願いの動機が愛と調和のもとに正しい時は、安易に無理だと考えてはいけない

このシンクロニシティには、もうひとつの大切なポイントがあります。それは、先生がこの日「たまたま」「なんとなく」いつもよりも早く出勤しようと思い、それを実行したことです。いつもよりも早く出勤したので、老紳士と出会いシンクロニシティが起こったのです。

この**「なんとなく頭に浮かぶこと」はシンクロニシティからの合図**です。

それが人に迷惑をかけたりするようなことではなく、愛と調和に基づきできることであれば、ぜひ実行してみてください。「なんとなく心に浮かぶこと」を行動に移すとシンクロニシティが起こる確率が、かなり上がります。

目の前に何か問題がある時には自分の問題としっかりと向き合い「絶対に何とかしよう」と強く想った上で、「なんとなく頭に浮かんだことを行動に移して」みてください。

すると、そこにシンクロニシティが起こり、問題の解決やヒントに繋がることが多いわけです。

SYNCHRO POINT

「なんとなく心に浮かぶこと」はシンクロの合図。愛と調和で実行する

CASE 03

驚愕！ まさかの経路で問題が解決するシンクロニシティ

シンクロファイル NO.05 「エアロスミス」から問題解決へ

ここまでシンクロニシティの実例を見てきていかがでしょうか。とても不思議で希望があり、ちょっとわくわくする話ですよね。

ケース01では「人との出会いのシンクロニシティ」。ケース02では「願ったモノが与えられるシンクロニシティ」をご紹介しました。

では、次に**「問題解決に導いてくれるシンクロニシティ」**の驚愕の実例をご紹介しましょう。シンクロニシティは時として、「抱えている問題に対してかなり具体的な答えを与えてくれる」ことがあります。それでは、その実例を見てみましょう。

私は以前、東京でミュージシャンを目指していましたが、この話はまだ上京前の名古屋での話です。

当時、私はヴォーカリストとして「自分に欠けているモノは何だろうか？」「どうしたら、良いヴォーカリストになれるのだろうか？」ということを、常に自問していました。

そしていろいろと試行錯誤しながら、日々歌の練習に励んでいました。そんな中「心に響く歌」「歌に心をこめる」とはどういうことか？ という疑問を抱えていました。

言葉にすれば「歌に心をこめればイイ」ということになるわけですが、どうにも、それが感覚的にどういうことなのかわからなく困っていました。

そんなある日、シンクロニシティが多発して、その「答え」を私に届けてくれたのです。


その日、私は「たまたま」友人から借りた「エアロスミス（Aerosmith）」というアメリカのロックバンドのCDをかけながら、部屋の掃除をしていました。

すると一冊のマンガ雑誌「週刊少年ジャンプ」が目に留まりました。じつはこの雑誌は間違えて買ってしまったものでした。

それは「たまたま」入ったたこ焼き屋でジャンプを読んだらシンクロニシティ的な話が載っていたので、「この号は買っておこう」と思い買ったのですが、じつは私が買ったのは最新刊だったので、そのシンクロニシティの話は載っていなかったのです。


しかし、なんと！ この間違って買ったジャンプがシンクロニシティを起こしたのです！

私は、「エアロスミス」の曲を聴きながら、「このジャンプ、間違えて買っちゃったんだよな」

と思いながら、「なんとなく」パッとページを開きました。

すると、そこに、なんと！


大きく「エアロスミス！」と書かれていたのです！


「エアロスミス」の曲をかけながら部屋を掃除している時に、たまたまパッと広げたそのページに「エアロスミス！」と書かれていたのです。これには私も驚きました。

「おっ！　シンクロきたな！」と、私はうれしくなりました。

しかし、このシンクロニシティの流れは、まだ続きます。

すると今度は何やら急に心が「モヤモヤ」しはじめました。


じつは、この**「心のモヤモヤ」もシンクロニシティからの合図**です。


「何だろう？　このモヤモヤした感覚は？」と、自分の心が「何を言っているのか」を感じとってみると、どうやら心は「髪の毛を切りに行け」と言っているような気がしました。

ところが、その時の私の髪の状態は、ちょっと前に髪を切ったばかりで、それほど伸びてなく、髪を切るにはまだ早すぎでした。当然、髪を切りに行くつもりはありません。

私は「モヤモヤ」を無視して部屋の掃除を続けました。

すると、「モヤモヤ」がさらに大きくなってきてしまいました。

そこで、私は「ああ、くっそお！　髪を切りに行けばイイんだろ！」と半ばやけくそで美容室へと向かいました。

すると、不思議なことに「モヤモヤ」はスッと消えてなくなりました。

これまでの経験から、心の「モヤモヤ」はシンクロニシティが起こる合図だと知っていましたので、「ああ、きっとこれで俺は正しい流れに乗ったのだろうな」と思いました。

美容室へ行くと美容師の方が「雑誌をどうぞ」と私の前に二、三冊の雑誌を置いてくれました。「では、雑誌でも読もうか……」と思い、「なんとなく」一冊の雑誌を広げると、なんと！

ここで再びシンクロニシティが起きました！

「なんとなく」パッと広げたそのページには、なんと！

「エアロスミス」の記事が載っていたのです！

この日、三度目の「エアロスミス」のシンクロニシティです。

私はさらに「この流れは絶対に何かが起こるぞ」と思いました。

するとほどなくして、美容師の方が「肩は凝っていませんか？」と尋ねてきたので、私は「ギターを弾くのでときどき片方の肩だけ凝るんだけどね」と答えました。

すると、隣の席にいたお母さん風の方が「バンドやっているのですか？」と私に尋ねてきました。私は「ええ、まあ……」と答えました。

すると、そのお母さんは「私の娘がバンドをやりたがっているので、私の娘と会って、何でもいいので教えてあげてください」と言いました。

私はかなり慎重な性格をしているので、通常このような場合にはまず丁重にお断りするのですが、この時はお母さんと娘さんと私の3人で会うということでしたのでその申し出を了承しました。

それで、その日に私はそのお母さんとその娘さんにバンドに関していろいろと教えてあげました。そして話を終え「ありがとうございました」と言われ解散しようとした時に、なぜかお母さんが「カラオケに行きましょう」と言いました。

あまりの唐突なことで、私も「ええええっ！」となりましたが、それと同時に「ああ、これだ！　エアロスミスのシンクロの流れは！」と感じました。

じつは、この**「えええっ！」という出来事はシンクロニシティからの合図**です。


そこで、私もカラオケにご一緒させていただきました。

そしてカラオケに行くと、これがまた本当に驚きました。なんと！「このお母さんは歌がうまいのなんのって、この人プロなのか？」というほど歌がうまかったのです。これはもう、私が今まで聴いた歌の中で、今でも一番印象に残っているほど心に響く歌でした。本当にビックリでした。

私は「ああ、歌に心をこめるとは、こういうことなのか……」と理屈ではなく、感覚として理解することができました。


いかがだったでしょうか。この一連のシンクロニシティには本当に驚かされました。

このシンクロニシティの始まりを、思い出してください。この一連のシンクロニシティは「私が、歌に心をこめるとはどういうことか知りたい」という想いを持ったことが始まりです。

すると、「エアロスミス」のシンクロニシティが多発し、最終的にはこのように「心のこもった歌を歌える人が現れ」私にそれを実際に見せてくれたわけです。

図にするとこうなります。

このシンクロニシティも先ほどの剣道部顧問の「電信柱」シンクロニシティと同じで、老子のこの言葉と同じ構造です。

「生徒の準備ができた時に、師が現れる」

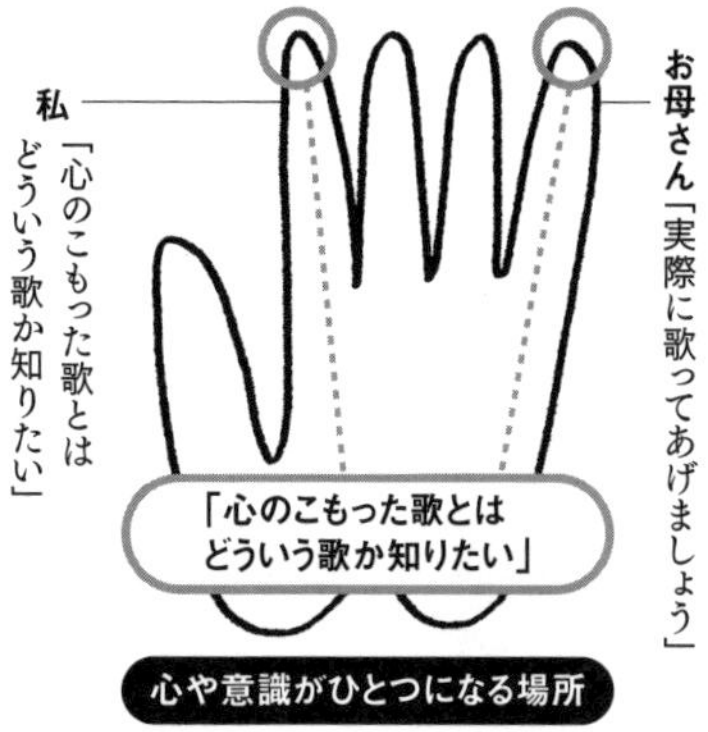
お母さん「実際に歌ってあげましょう」
私
「心のこもった歌とはどういう歌か知りたい」
「心のこもった歌とはどういう歌か知りたい」
心や意識がひとつになる場所

私が「心のこもった歌というものを知りたい」と思ったところに、実際にそれを表現できる人が現れてくれたわけです。

そして、その合図として「エアロスミス」のシンクロニシティが多発して、私にシンクロニシティの流れを知らせてくれたわけなのです。

このように自分が抱えている問題の答えをシンクロニシティが示してくれることがあるわけです。

心が「モヤモヤ」したことで、その心の声に耳を傾けて髪を切りに行ったところもポイントです。心が「モヤモヤ」する時は、ぜひ注目してみてください。

心の「モヤモヤ」とは「心や意識がひとつになる場所」からのメッセージです。

その「モヤモヤ」に耳を傾けて、その時「ふと頭の中に浮かんだコト」を実行に移してみてください。すると、このようなシンクロニシティに繋がることが多いのです。

シンクロファイル NO.06 夢の中で「答え」をささやかれた

もうひとつ、まさかの経路で問題が解決されたシンクロニシティの実例をお伝えしましょう。こちらも驚愕の実例です。

ではイメージしてみてください。ここにひとつの大きな水槽があります。水槽の中では、美しい色彩を身に纏《まと》った海を泳ぐ「熱帯魚」、そしてお祭りの出店でおなじみの「金魚」が、一緒に心地よさそうに仲良く泳いでいます。

「ん？　何かヘンだな……」

「ひとつの水槽に、海を泳ぐ熱帯魚と金魚……」

お気づきでしょうか？

海水魚である「熱帯魚」と淡水魚である「金魚」がひとつの水槽の中で生きることはできません。

海を泳ぐ熱帯魚と金魚がひとつの水槽の中を一緒に泳いでいるということは、普通に考えたら絶対にありえないことです。これはとても不思議な光景です。

しかし、この不思議な水槽は実在します。なぜでしょうか？

じつはこれには秘密があります。

それは「水」です。この水槽に入っている水は「好適環境水」という特殊な水で、それがこの奇跡的な光景を可能にしているのです。

この「好適環境水」とは、岡山理科大学の山本俊政氏らが開発した水であり、海水の中で生きる魚と、成分のまったく異なる淡水の中で生きる魚との同居を可能にしているのです。

この好適環境水を使って魚を養殖すると、魚の成長が海水と比較すると20～30％促進され、しかも魚が病気にならないので、「奇跡の水」とも言われています。

このような常識では考えられないような水を一体どうやって作ったのでしょうか？

開発主任だった山本俊政氏によると、「じつは開発は失敗の連続であった」「何かの要素が足らないのだが、それをどうにもつかめなかった」とのことでした。しかし、そんな苦労の中、転機が訪れました。

それが、なんと！

山本氏は寝ている時に、夢の中で「答え」を聞いたのです！

つまり、夢の中で聞いた答えが現実の研究の答えと一致していたというシンクロニシティなのです。

山本俊政氏は2011年2月12日放送の『未来ビジョン 元気出せ！ニッポン！』というBS11の番組の中でこう話していました。

「何かひとつの成分が足らないんですね、何かエッセンスが足らない。そこがつかめないんですね。これホントの話なんですけどね。ある時に、寝てたら夢の中で、これホントちょっと神がかり的な話ですが、『だったら、こういう成分を入れたらどうなの？』という、そういうありがたい『お告げ』があったんです。これホントの話なんです。

で、朝私パッと起きてすぐそこの目の前のメモ用紙にその化学式を書き留めたんですよ。で、翌日それをやってみようとしました。

するとと助手が『先生なんでこんなことになるんですか？　どういう理由なんですか？』と聞くんですよね。しかし、聞かれても困りますよね。そりゃ夢の中の話ですから。しかし、それが結局、成功のきっかけになっているんですよ」

いかがでしょうか。これも本当に驚愕なシンクロニシティですね。

失敗の連続だった研究の中、夢の中で「だったらこういう成分を入れたらどうなの？」という問題の「答え」を聞いたのです。

そして、翌日そのとおりにやってみたところ、それがきっかけとなり問題は解決され、好適環境水の開発に成功したのです。

SYNCHRO POINT

寝ている間に、夢の中で問題の「答え」を受け取るケースがある

夢の中で聞いた「答え」が、現実の研究の「答え」と一致していたわけです。そして、その成果として「奇跡の水、好適環境水」が完成しました。

図にするとこうなります（次ページ）。

このように自分が持っている「問題」の「答え」は、まだ発見されていないだけで、どこかに必ず存在しています。そして、その「答え」を夢の中で受けとることがあるわけです。

SYNCHRO POINT

あなたの「問題」の「答え」は必ず存在している

この山本氏のケースのように、問題の「答え」をシンクロニシティから得るには、その答えを「心や意識がひとつになる場所」から持ってこられるかどうかが鍵となります。

先述のように「リラックス」すると「心や意識がひとつになる場所」に近づけますので、人は自然と寝ている間は「心や意識がひとつになる場所」に近づいています。そのため、寝ている間に「答え」を得ることはとてもよく起こります。

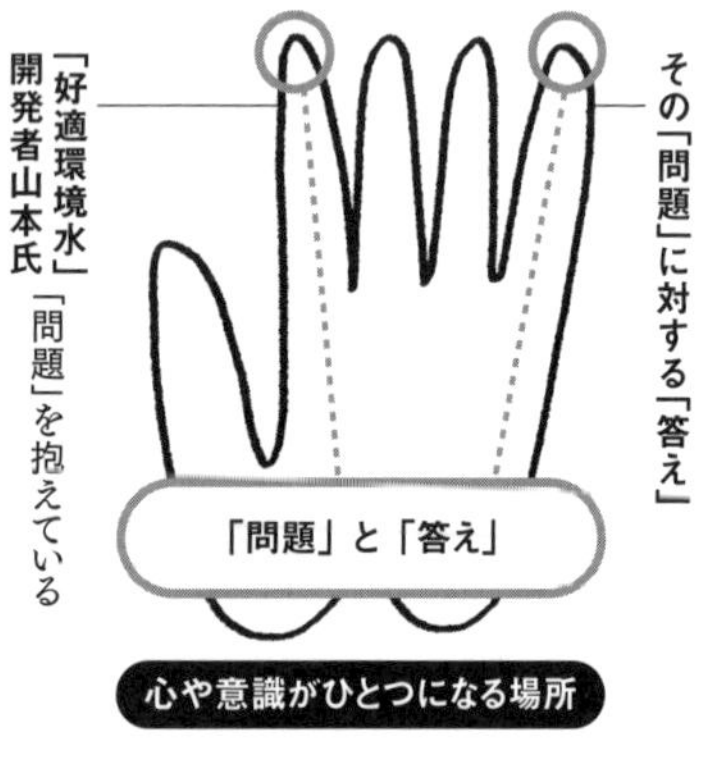

SYNCHRO POINT

「リラックス」すると「問題」の「答え」を受けとりやすくなる

実際、多くの作家や作曲家が枕元に紙とペンを置いて、夢の中で得た「情報」や「答え」を書き留めて作品に反映させています。

実際、私も寝ている間のシンクロニシティから「答え」や「ヒント」を何度か受け取りました。夢の中で「答え」を受け取るコツは、「その問題を本当に真剣に考える」ということです。

SYNCHRO POINT

本当に真剣に考えていると、夢の中で「答え」を受け取りやすい

そして、**「夢で見たことを実際に行動に移す」ということが大切**です。

山本氏の夢からの答えのシンクロニシティでも、もしかりに山本氏が「ただの夢だろう」と考えて、実際に行動に移さなかったら好適環境水は生まれませんでした。

山本氏が「夢で見たことを実行してみた」からこそ、このシンクロニシティが起きたわけで

す。

「まあ、夢だからな……」と考えてしまい、「夢で見たことを実行する」ことをためらってしまう方も多いのではないでしょうか？

これからは、愛と調和のもとに実行してみてください。

私も夢で見たことを実際に何度か実行しています。

その時の様子はブログに書きましたが、**夢で見たことを愛と調和で実行しますと、本当にシンクロニシティが起こり実際にいろいろと大きな成果を得るコトができました。**

もし「～した方がいい」といった夢を見た時には、それが愛と調和のもとで実行できることであれば、ぜひ実行してみてください。

02

シンクロニシティの実例〈日常編〉

シンクロニシティの実例の驚愕編はいかがだったでしょうか？ ホントに驚きですよね。まさかの経路で「出会い」「モノ」「問題の答え」が届けられました。

このように、ビックリするような大きなシンクロニシティもありますが、シンクロニシティはそれだけではなく、もっと日常的な小さな奇跡とも言えるうれしく身近なものも多くあります。次はそちらをご紹介しましょう。

CASE 01

日常における驚くべきタイミングで起こるシンクロニシティ

シンクロニシティには「流れ」があり、そのシンクロの流れに乗ると、あなたの日常に小さなうれしい奇跡が起こります。そんな実例をご紹介しましょう。

シンクロファイル NO.07 「横断歩道」で見事なタイミング

私はヴォーカリストでもありますので、その日、ヴォイス・トレーニングをするためにカラオケ・スタジオへ行こうとしていました。

その日は雨だったので、私は歩いて行こうとしていたところ、知人も用事でちょうど同じ方向へ行くので、私をクルマに乗せてくれることになりました。

そして、カラオケ・スタジオの近くまで送ってもらった私は知人にお礼を伝え、そこで知人と別れ、知人は別の用事へと向かいました。

その後、私は2時間のヴォイトレを終えて、家へ帰るため歩きはじめました。その日は、声の調子もとてもよく、私は「ごきげん」で歩いていました。

この「ごきげん」の状態だと「良いシンクロニシティ」が起こりやすいのです。

私がカラオケ・スタジオの近くの横断歩道をちょうど渡っていた時のこと、その横断歩道の一番前に停まっていたクルマが「プッ！」と小さくクラクションを鳴らしました。

「何だろう？」と思い、私がチラッとそのクルマを見ると……。

すると、ここで、驚愕のシンクロニシティが起きました！　なんと！

そのクルマは、先ほど私を送ってくれた知人のクルマだったのです！

私がヴォイトレの帰り道で横断歩道を歩いていたまさにそこに、用事を済ませた先ほどの知人が偶然にも信号待ちで停車していたのです！

これには、ふたりともビックリしました！

知人はクルマの中から「乗りな！　乗りな！」とジェスチャーをしてくれたので、私は横断歩道を渡りきり知人のクルマに乗り込みました。

「おおおっ！　なんというタイミングのよさだ！」とふたりで盛り上がりました。

知人も自分の用事を終えて、ちょうど帰宅するところだったのです。

いかがでしょうか。このシンクロニシティは、日常の1コマではありますが、じつは、かなりスゴイ出来事です。

信号待ちのわずか数十秒間の見事なタイミングで起きているのです。

もし、ちょっとでも早く信号が変わってしまっていたら、知人のクルマは当然先に行ってしまっていたはずですし、もしちょっとでも遅く知人が交差点に来ていたら、当然私が先に行ってしまっていたはずです。

このわずか数十秒間に知人が信号待ちで停車して、しかもその数十秒間に私が横断歩道を通ったことで、このシンクロニシティが起こったのです。

それに、もしこの知人のクルマの停まった位置が大きなトラックの数台後ろだったら、私を発見することもなかったわけです。知人の車がたまたま横断歩道の先頭に停車していたので、横断歩道を渡っている私を見つけることができたのです。

ちなみにこの時のシンクロニシティには、さらにおまけがついていました。その時、車内のデジタル時計を見ると、なんと！ 時刻が「5：55」とゾロ目を示していました。

しかも、私の座っていた助手席の窓から見た真正面の駐車場のクルマのナンバープレートは、驚愕！ にも「777」とこちらもラッキーナンバーのゾロ目でした。

このように「シンクロニシティの流れにうまく乗ると」、日常の生活の中にもシンクロニシティが多発して、うれしい小さな奇跡が起こるのです。

ちなみに、この知人は、よく私とシンクロニシティの話をしていて「自分も驚くようなシンクロニシティを体験してみたい」と言っていました。

そして、この横断歩道での驚愕のシンクロニシティを体験することができたことで、知人にとってもひとつ願いが叶ったわけです。

シンクロファイル NO.08 まさかの「煮たまご」チケット

もうひとつ見事なタイミングのシンクロニシティをご紹介しましょう。

私にはよく行くお気に入りのラーメン店があります。とても美味しいお店です。クルマで行くとサービス券をくれるので、毎回そのサービス券を使って「煮たまご」をトッピングしています。

その日、私はラーメンが食べたくなったので、ヴォイトレの後に久しぶりにその店に行くことにしました。

ところがここでひとつ大きな悲劇が起きました。なんと！　サービス券の有効期限が切れてしまっていたのです！　つまり、あの美味しい「煮たまご」がもらえないのです。

まあ、自分で買えば済むと言えば済むのですが……今回は「煮たまご」はなしか……と私は思っていました。

そして、まずはヴォイトレのためにカラオケ・スタジオへ行きました。

すると、なんと！　ここで、奇跡のシンクロニシティが起きました！

この日、私がカラオケ・スタジオへ行くと、ちょうど駐車場でいつもよくしてくださっているカラオケの店員さんとバッタリ会いました。

すると、その店員さんは「あっ！『Ｋ』さん、ちょっと待っていて、いいものあげます」と言い、自分のクルマのところまで行き、何やら手に持ち再び戻ってきました。

そして、それを「はい！　これ」と私に手渡してくれました。その手渡してくれたものを見て私は驚きました。それは、なんと！

あの！「煮たまご」サービス券だったのです！

もちろん、有効期限内のものです。正直このシンクロニシティには、あまりのタイミングのよさに私も驚きました。

これを図にするとこうなります。

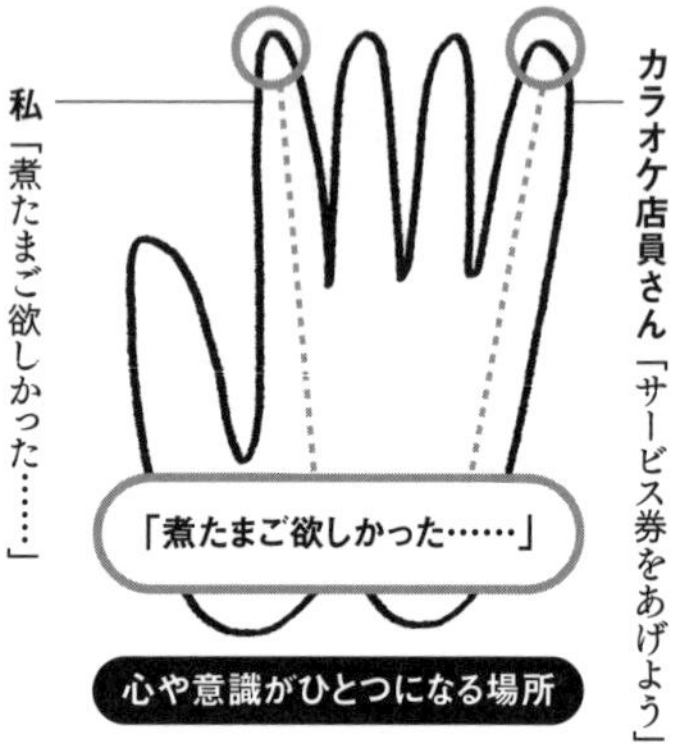
カラオケ店員さん「サービス券をあげよう」
私「煮たまご欲しかった……」
「煮たまご欲しかった……」
心や意識がひとつになる場所

この日私がラーメン屋に行こうと思ったことや、煮たまごが食べたかったことは、「心や意識がひとつになる場所」にあり、その情報と繋がり、たまたまサービス券をもう1枚持っていたカラオケ店の店員さんが「なんとなく、『Ｋ』さんに、サービス券をあげよう」ということが思い浮かび、それを実行したことでこのシンクロニシティが起こったわけです。

それにしても、これは本当に見事なタイミングでした。シンクロニシティの「流れ」に乗ると、このような出来事がよく起こるようになります。

CASE 02

日常における初期段階のシンクロニシティ

シンクロニシティには、初期段階に起こりやすいシンクロニシティというものがあります。第1章でお伝えしました「体育祭や文化祭で心ひとつになる」「食べたかったモノをいただける」「思い浮かんだ友人から電話がかかってくる」なども、初期段階のシンクロニシティです。

ここでは、シンクロニシティの初期段階では、どのようなことが起こるのか、もう少し詳しく解説していきましょう。

シンクロファイル NO.09 初期段階で起こる「ゾロ目」の目撃

先ほどの横断歩道でのシンクロニシティでは、私と知人は「5：55」という時刻に、「777」のクルマのナンバーといったゾロ目の数字を目撃しました。

このほかにも、たとえばレシートの金額や打刻表示などで、ゾロ目を目撃する頻度が増えてきた場合は、シンクロニシティの初期段階がはじまっています。

実際、今この本をお読みになられている方の中にも、ゾロ目を頻繁に目にするようになり、シンクロニシティに興味を持たれた方も多いかと思います。

私もシンクロニシティの入り口はゾロ目の目撃でした。やたら「555」とか「1111」といったゾロ目を目にするようになり、驚くべきことに夜中にパッと目が覚めて時計を見ると「2：22」と表示されていたなんてこともありました。

また、信号待ちで横断歩道にいると、前から「8888」ナンバーのクルマがやって来て、そのすぐ後に、今度は後ろから「8888」ナンバーのクルマが現れました。そして、横断歩道を渡り街角をまがると、今度はなんと横から「8888」のナンバーが現れたなんてこともありました。

このように、**ゾロ目を目撃することは、「シンクロニシティがあなたにシンクロニシティの存在に気づいてください」と言ってきている**とイメージしてみてください。

ゾロ目のシンクロニシティを目にするようになり、シンクロニシティに対する興味が深まると、次の段階へと入っていきます。

これまでご紹介してきた実例のように、「出会い」「モノ」「情報」などが与えられるシンクロニシティへと発展していくわけです。

この本では、後ほどシンクロニシティの起こし方もお伝えしますので、そちらを参考にぜひ、次の段階のシンクロニシティを体験してみてください。

ちなみに、初期段階でなくてもゾロ目のシンクロニシティは現れますが、その場合は次の段階のシンクロニシティであり、その数字に「意味」や「メッセージ」がこめられている場合があります。こちらも後ほど詳しくお話しします。

SYNCHRO POINT ☞

ゾロ目を目にするのは、シンクロニシティのはじまり

シンクロファイル NO.10 興味を持った『NARUTO』が届けられる

では、もうひとつ初期段階で起こりやすいシンクロニシティをお伝えしましょう。

それは、**あなたが興味を持ったモノが、偶然という形で届けられるシンクロニシティ**です。

あなたが何かに興味を持つ時、あなたのその想いが「心や意識がひとつになる場所」にも届きますので、シンクロニシティが起こりやすくなります。

そして、そのあなたが興味を持ったコトに関するモノなどが、あなたのところに届けられるようになるのです。それでは実例をお伝えしましょう。

以前、週刊少年ジャンプに『NARUTO（ナルト）』というマンガが連載されていました。このマンガは日本だけではなく世界中で人気があり、この『NARUTO』の連載が終了した時には、新聞にも大きくとりあげられました。

その日、私はご年配の知人に、この『NARUTO』のことを話しました。しかし、知人はご年配であるため、それまで『NARUTO』を知らなかったので私がいろいろと『NARUTO』に関して教えてあげました。するとその知人は『NARUTO』に興味を持ちはじめて、新聞の記事も読みました。そして、その数日後にシンクロニシティが起きました！

その知人は「ちょっと面白いものを発見した」と言いながら、私に小さな箱の中身を見せてきました。その箱には、使用済みの切手が集められていました。

そして、その箱の中に、なんと！『NARUTO』の切手が入っていました。

最近知って興味を持った『NARUTO』の切手を見つけた。これも初期段階での立派なシンクロニシティです。

この出来事は、知人が使用済み切手を見つけたので、いつもの箱に入れておこうとしたとき、

「なんとなく」その箱の中の切手を見ていたら、この『NARUTO』の切手を発見したとのことでした。

図にするとこうなります。

知人の「意識」は箱の中に「『NARUTO』の切手」があることを知らなかったとしても、「知人の意識の深いところ」では箱の中に「『NARUTO』の切手」があることを知っていたわけです。そして、知人は「なんとなく」箱の中を見ていたわけです。

そしてそこにシンクロニシティが起きたのです。

SYNCHRO POINT

あなたの意識の深いところでは、あなたはすべてを知っている

そうです。意識の深いところでは、あなたはすべてを知っているのです。

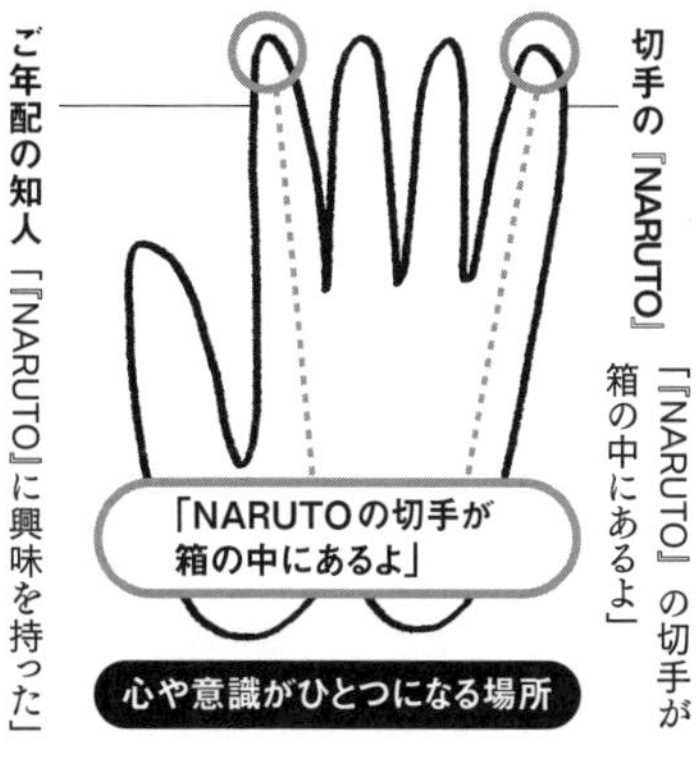
切手の『NARUTO』
「『NARUTO』の切手が箱の中にあるよ」
ご年配の知人「『NARUTO』に興味を持った」
「NARUTOの切手が箱の中にあるよ」
心や意識がひとつになる場所

では、どうすれば、その深いところで知っている情報を入手できるかと言いますと、

「なんとなく感じるコトを行動に移す」
「ふと頭に浮かぶことを行動に移す」
「心のモヤモヤに耳を傾け行動に移す」

です。

この『NARUTO』のシンクロニシティも「なんとなく心に浮かぶことを行動に移す」ということで起きています。このシンクロニシティの最大のポイントはここです。

もしも知人が見つけた使用済み切手を箱に入れてすぐにフタをしてしまっていたら、このシンクロニシティは起こりませんでした。このシンクロニシティは知人が「なんとなく箱の中の切手を見ていた」ことにより起きたのです。

CASE 03

日常に役立つシンクロニシティ

次は、日常に役立つシンクロニシティの解説をしておきます。

この実例を知っておきますと、よりシンクロニシティへの理解が深まります。

シンクロファイル NO.11
会いたかった友人に「バッタリ会う」

その頃、私は、どうしても連絡をとりたい高校時代の地元の友人がいました。

しかし、私はその友人の連絡先がわからずどうしようかと考えていました。ただ、私はシンクロニシティが起きて、その友人ともバッタリどこかで会うかもしれないと考えていました。

そんなある日、ちょっと書店へ寄って行こうかと「なんとなく頭に浮かんだ」ので、実際に書店へ行ってみました。すると、なんと！

そこには、私が連絡をとりたかったその友人がいました！

この日、この友人もたまたまこの書店に来ていたとのことでした。

連絡先がわからず困っていたので、これには本当に助かりました。

「なんとなく頭に浮かぶ感覚」に従ったおかげで、ちょうど会いたかった友人と会うことができたのです。

このように、ちょうど会いたいと思っていた友人にバッタリ会うのもシンクロニシティです。このシンクロニシティは経験したことがある人も多いかと思います。

これも図にしておきましょう。

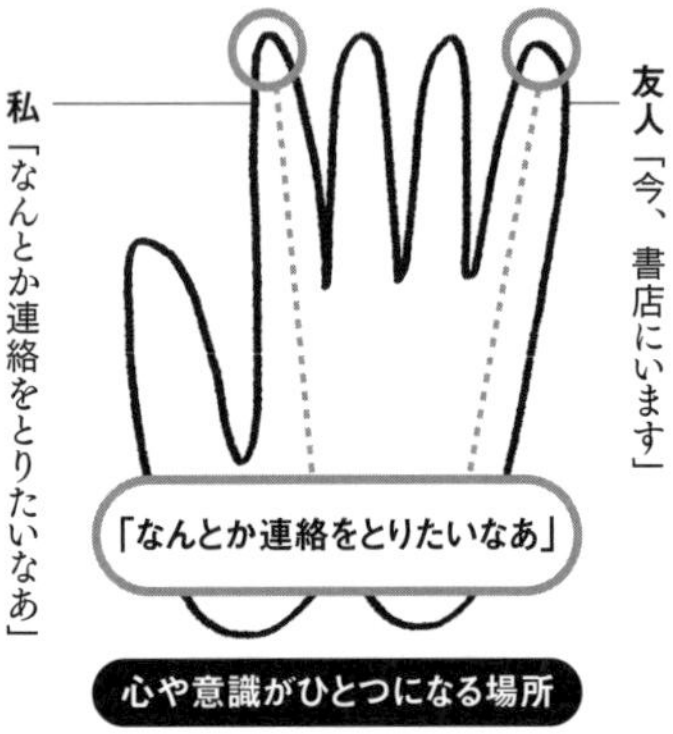
友人「今、書店にいます」
私「なんとか連絡をとりたいなあ」
「なんとか連絡をとりたいなあ」
心や意識がひとつになる場所

このシンクロニシティもこの図のような構造で起こります。私が「なんとか連絡をとりたい」と思っていて、その友人が書店にいることを察知した時に「なんとなく書店へ寄ろうか」という気持ちになるのです。

そして、実際に書店へ行ったことで、この出来事が起こりました。このシンクロニシティも「なんとなく頭に浮かぶこと」を実行することがポイントとなります。

そしてこのタイプのシンクロニシティには、大きな特徴があります。それは、**基本的には相手の人も会える状態になった時に起こる、**ということです。

たとえば相手が忙しく、とても会える状態ではないような場合には、基本的にはこのシンクロニシティは起こりません。

相手も会える状態になった時に、このタイプのシンクロニシティは起こるわけです。

シンクロファイル NO.12 知りたかった「作曲」情報

次は、役立つ「情報」が届けられるといった実例をお伝えしましょう。

このシンクロニシティはとても役立ちます。


私は音楽活動をしていますので作曲もします。最初はギターを使って作曲をしていたのですが、途中からピアノを使って作曲ができたらいいなと思いました。

しかし、まったくの独学だったので、どうすればピアノで作曲ができるのかまったくわかりませんでした。そんなある日、ここでちょっと変わったシンクロニシティが起こりました。

それは、深夜に起こったのですが、もちろんその時私は眠っていました。ところが、突然目が覚めてしまいました。それで、もう一度眠ろうかと思いましたが、なぜかあまりそういう気持ちになれませんでした。

「ひょっとして、この深夜に目が覚めたことにも何か意味があるのかも？」と、ふと思ったので、「とりあえずテレビでもつけてみるか……」とテレビをつけてみました。

するとそこでシンクロニシティが起きました！　なんと！

その深夜の時間帯に、作曲家の番組が放送されていて、「ピアノで作曲するヒント」が放送されていました！

「おおおっ！　これは！」と私は急いで録画しました。そして、その時の番組がヒントとなり、その後、私はピアノを使って作曲ができるようになりました。

これを図にするとこうなります。

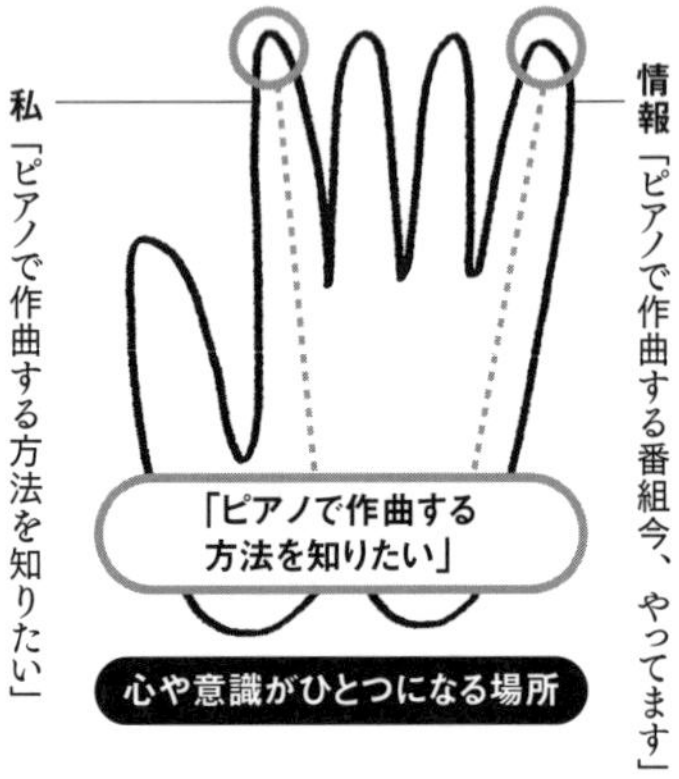
情報「ピアノで作曲する番組今、やってます」
私「ピアノで作曲する方法を知りたい」
「ピアノで作曲する方法を知りたい」
心や意識がひとつになる場所

私が「ピアノで作曲する方法を知りたい」と想っていたところ、その情報と意識の深いところで繋がっているので、深夜に突然目が覚め、その情報を得ることができました。

本当に不思議ですが、このように眠っている最中にパッと目が覚めて、このような重要なシンクロニシティが起きるわけです。

まるで、見えない何者かに「今、作曲の番組やっていますよ、起きなさい」と起こしてもらったかのようですよね。

シンクロファイル NO.13 「広島焼き」シンクロニシティ

こちらも、知りたかったことの「答え」が届けられた実例です。

その日、私は街中でとても目立つ「ロゴマーク」を見ました。そのロゴマークは以前も見たことがあり、「あのロゴマークには一体どういう意味があるのだろうか?」と、常々疑問に思っていました。

その日もそんなことを考えながら街を歩いていましたが、ちょうど食事時だったので、私は何か食べることにしました。

すると、「なんとなく」なぜか急に「広島焼き」が食べたくなりました。この「なんとなく」を行動に移すとシンクロニシティが起こります。私はこの「なんとなく」の感覚に従い広島焼きを食べに行きました。

そして、広島焼きを食べ終え店の外に出ると、目の前に書店がありましたので、寄っていくことにしました。

そして店内を歩いていると一冊の本が気になり手に取りました。

すると、ここでシンクロニシティが起こりました！　なんと！

なにげなく手に取ったその本に、先ほど私が街中で見た「ロゴマーク」の意味が載っていたのです！　先ほど「疑問」に思ったことの「答え」が届けられたのです。驚きでした。

このシンクロニシティが起きたポイントは、じつは広島焼きを食べたことです。この広島焼きの店の前にあった書店で、「ロゴマーク」の意味の書かれた本を私は手にしました。つまり、広島焼きを食べたいという感覚に従ったことで、じつはこの書店の近くまで来ることができたわけです。

つまり、本来の目的地である「書店」に行くために、「広島焼き屋」に行ったわけです。

シンクロニシティの「流れに乗る」と、このようなことが起きます。

もちろん、目的の書店へ直接行ければイイのですが、私がその書店に必要な情報があることをキャッチできない時には、このように潜在意識が私の食欲を刺激して「広島焼き屋」を経由して、本来の目的の場所にたどりつくという「流れ」を起こしてくれるわけです。

ですから、まずは、この「なんとなく」「広島焼き」を食べたいという感覚に従うことが、とても大切なのです。

しかし、その広島焼き屋では何も起こらないのです。重要なのは、その次の一手です。

もし、ここで「なんとなく」に従って行動したけど、何も起こらなかった、と思い、そのまま帰ってしまっていたら、このシンクロニシティは起こりませんでした。

「広島焼き屋」の後に、次の一手で「なんとなく」「書店」へ寄ったことで、このシンクロニシティが起こったのです。

SYNCHRO POINT

「なんとなく」をたどっていくと、シンクロニシティに繋がる

このように「心に浮かぶコト」をいくつかたどることで、シンクロニシティの「流れ」に乗ることができるわけです。このパターンを知っておいてください。

このケースのように、最初になぜか「広島焼き」が気になりだし、次に「書店」に寄ってみたくなる、といった感覚をたどった結果、本当の目的の場所にたどりつくわけです。

03 シンクロニシティの実例 〈夢が叶う編〉

CASE 01

「天職」に関するシンクロニシティ

シンクロファイル NO. 14

「ネイルアート」との出会い

こちらも「広島焼き」の実例と同じく、「自分の感覚」を「たどっていく」ことで、本来の目的と出会うといったシンクロニシティです。

これは知人の友人のお姉さんAさんの話です。当時、Aさんは自分の将来の進路について、どうしようか考えていました。

その時にはとくにやりたい「職種」はなかったのですが、ただ「英語を勉強したい」という強い想いがありましたので、アメリカの語学学校に行くことにしました。

そして、毎日、真剣に英語の勉強に打ち込みました。そして、Aさんが十分英語を話せるようになり、アメリカの生活にも慣れてきた頃のことでした。

自分の通っていた語学学校の近くに、なにやら「気になる建物」がありました。「ここは何だろう?」と思い、Aさんはその建物へ入って行きました。するとそこは「ネイルアートの学校」でした。

そこでネイルアートの説明を聞いたAさんは「これだ!」と思いました。これが、Aさんが自分の心の求めていたものと出会った瞬間でした。

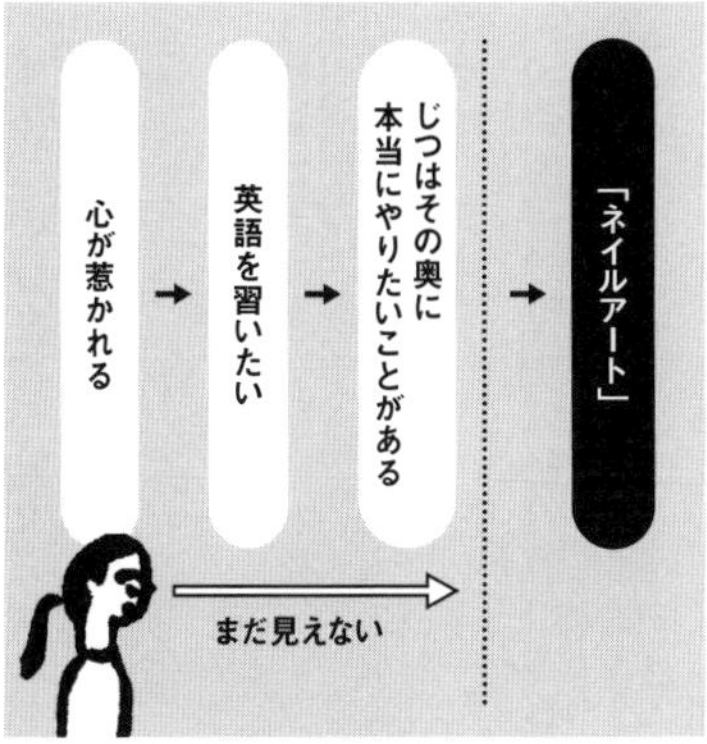

自分が本当にやりたかったことは「ネイルアート」だと気づいたわけです。そして、Aさんは、自分の天職としてネイルアートを仕事にしようと決めました。

いかがでしょうか。じつはこの話は、まだ日本にネイルアートの学校がなかった頃の話です。なので、当時はネイルアートを学ぶためには、アメリカへ行かなくてはならなかったのです。

そしてもちろんAさんは、日本にいた頃はネイルアートの存在すら知りません。

これを図にするとこうなります（前ページ）。

最終的には、Ａさんはネイルアートを自分の天職に決めたのですが、最初からネイルアートが見えているわけではありません。最初は「英語を習いたい」というところまでが見えているのです。

ですから、**まずは目の前にある「心が惹かれること」を行動に移すことが大切です。それを実行することで、次にやりたいことが見えてきます。そして、最終的には本当にやりたいことへと繋がっていくのです。**

先ほどの「広島焼き」を食べたいという気持ちを行動に移したことで、本来の目的地である「書店」にたどりついたのと同じです。

まず、「英語を学びたい」という強い気持ちを行動に移したことで、「ネイルアート」の学校にたどりついたわけです。

このように、「心が惹かれること」をたどり実行していくと、本当の目的にたどりつくといったことがあるわけです。

SYNCHRO POINT

「心が惹かれること」をたどり、それを実行すると、本来の目的地にたどりつく

「心が惹かれる」ことがあれば、それが愛と調和でできることならば実行してみてください。

また、この実例のポイントは、Aさんはアメリカに行ってすぐにネイルアートと出会ったわけではないというところです。

もちろん、アメリカなので、ネイルアートの学校の授業も「英語」です。Aさんは「ネイルアートの学校と出会うまでに真剣に『英語』を勉強していた」ので、ネイルアートの授業を「英語」で受けることができたのです。

先ほどご説明した、シンクロニシティを表す老子の言葉を思い出してください。


「生徒の準備ができた時に、師が現れる」

まさに、この出来事もこの言葉のとおりです。「Aさんが英語で授業を受ける準備ができた時」に、ネイルアートの学校と出会いました。

もしも、Aさんが語学学校での英語の授業をサボっていましたらネイルアートの学校と出会えなかったかもしれません。ここが【重要】です。

Aさんに英語力が身につき、英語でのネイルアートの授業を受けられるようになった時に、ネイルアートの学校と出会えたわけです。たとえ、出会ったとしても、英語力が身についていなければ、ネイルアートの授業を英語で受けることができません。これでは、せっかく出会っても入学すらできません。

つまり、「サボる」と人生の次の段階に進めなくなってしまうわけです。

目の前にあることを真剣にやることはとても大切です。それが、将来出会う何かと繋がっているかもしれないわけです。

よく、「ワクワク」することをするとよいと言われますが、「自分のやりたいことを見つける」には、それはとてもよい方法です。

しかし、「仕事となると話は別」です。仕事には、要求されるだけの「技術」を身につけることが必須です。ワクワクすることをしているだけでは、もちろんダメです。それでは、ただ遊んでいるだけになってしまいます。

Aさんのケースのように、**目の前にある「自分のやりたいことを真剣に『努力』して『成長』していく」ことで、次のステージに進める**と考えてください。

また「天職」は探すものではありません。自分はこれを人生の仕事にしようと「天職は自分自身で決める」ものです。探し続けた場合は100%見つかりません。どこかで、必ず「これを天職にする」と自分で決めるまでは、絶対に決まりません。

自分のやりたいことが見つかったら「これを天職にする」と自分で「決め」、仕事レベルにまで「技術」を高める努力をはじめてください。これが「天職」に就く方法となります。

CASE 02

「チャンス」「出会い」を実現する条件

Aさんはしっかりと英語を勉強して英語でのネイルアートの授業を受けられるようになったことで、ネイルアートの学校と出会いました。つまり、準備が整った時に出会いました。

じつは、これが「チャンス」や「出会い」を実現する条件と言えます。

SYNCHRO POINT

最も真剣に準備をした人にチャンスは訪れる

このことに関して、ソニーのロボット犬「ＡＩＢＯ」を開発した天外伺朗氏の著書『運命の法則』（ゴマブックス）に書かれているエピソードをご紹介しましょう。

シンクロファイル NO.15 グライダーの奇跡

天外氏は学生時代にグライダーをやっていました。グライダーの世界にはドライサーマルというものがあります。ドライサーマルとは強烈な上昇気流のことで、これに遭遇すると長距離飛行が可能になります。

しかし、そのドライサーマルは特殊な気象条件で発生するため、めったに遭遇できません。天外氏の20名の班の状況での計算によりますと、毎週日曜に飛んだとしましても、ドライサーマルと遭遇する確率は20年に一度の確率となるとのことです。

かりにドライサーマルに同じ人が二度続けて遭遇するなんてことは、４００年に一度の確率になるとのことです。

しかし天外氏は幸運にもこのドライサーマルに遭遇しました。ところが長距離飛行にはそれなりの準備が必要だったのですが、この時の天外氏は何も準備していませんでした。なので、せっかくドライサーマルに遭遇しておきながら長距離飛行ができなかったのです。

天外氏はとても悔しい思いをしました。そして、その後天外氏はどうしたのでしょうか？　なんと！　天外氏は４００年に一度の可能性に賭けたのです。

つまりもう一度ドライサーマルに遭遇した時のために、一年かけてしっかりと長距離飛行の準備をしました。するとそこになんと！　驚くべき奇跡が起きました！　なんと！

天外氏は４００年に一度とも言える、二度目のドライサーマルに遭遇することができたのです！

これは本当に奇跡的なチャンスです。限りなくゼロに近い確率が実現しました。

SYNCHRO POINT

最も真剣に準備した人のところに強運は訪れる

「長距離飛行の準備の地図を持っていた人が偶然にドライサーマルに遭遇したのではなく、地図を準備していたからこそドライサーマルに遭遇したのだ」と天外氏は語っていました。

このように、**何か叶えたいコトがある時は、その準備を徹底的にすることが大切です。**そして、準備が整った時に、シンクロニシティが起きて叶うわけです。

いかがだったでしょうか。

ここまでが、シンクロニシティの基礎的な説明となります。ここまでは、偶然の一致により幸運な出来事に繋がったという実例を中心にご紹介してきましたが、じつはシンクロニシティにはさらに隠された「秘密」があります。

ここまででも、かなり面白いシンクロニシティの実例が目白押しだったかと思いますが、まだまだシンクロニシティの世界は広がります。

次章は「シンクロニシティ応用編」ということで、さらに隠された秘密について解説していきます。

CHAPTER: 3

第3章

シンクロニシティの解読方法とその実例〈応用編〉

01

シンクロニシティには、じつは具体的なメッセージがある

これまで解説してきましたように、シンクロニシティが起こると大小様々な奇跡が起こり、必要としている「出会い」「モノ」「情報」などが届けられます。

しかし、シンクロニシティとは、じつはそれだけではないのです。なんと！　**シンクロニシティには、具体的な「意味」や「メッセージ」がある**のです。

この隠された「メッセージ」の「解読」の仕方がわかってきますと、シンクロニシティを実生活に活かしやすくなり、身の回りで起こる様々な問題もスムーズに解決できるようになります。

SYNCHRO POINT

シンクロニシティを「解読」することで、実生活に活かすことができる

ここからは「応用編」として、シンクロニシティの「解読」の実例をお伝えしていきます。

解読の「パターン」をたくさん知ることで、あなたも自分自身でシンクロニシティの解読が必ずできるようになります。

そして、シンクロニシティを「解読」して得た「メッセージ」を実際に行動に移すと、そこには「必要としていた、モノ、情報、出会い、成長」など、あなたの「人生の流れをより良くする」出来事が必ず現れます。

それでは、そのシンクロニシティ「解読」の実例を見てみましょう。

02 シンクロニシティ解読の実例

解読パターン 01 「語呂合わせ」でシンクロニシティを解読！

シンクロニシティの意味やメッセージは、「語呂合わせ」で「解読」できるケースがかなり多いので、まずはその実例からご紹介しましょう。

たとえば「2525」という数字のシンクロニシティが多発した場合、あなたはこのシンクロニシティにどんなメッセージがあると考えますか？

「2525」を語呂合わせで読みますと「2525《ニコニコ》」となります。そしてこの「ニコニコ」から具体的なメッセージを引き出します。

「ニコニコ」なので、たとえば「笑顔を大切にしましょう」というメッセージと解読するわけです。

そして、この「解読」したメッセージに従い「笑顔を大切にして行動」すると、シンクロニシティの流れに乗り、さらに人生に役立つことが起こるわけです。

① シンクロニシティが起こる

↓

② 「解読」して「具体的なメッセージ」を引き出す

↓

③ 実行

↓

④ 人生に役立つ出来事

これが、シンクロニシティの解読から実行、そして結果までの一連の流れです。

シンクロニシティを解読して、そのメッセージを実行に移しますと、必ずと言ってイイほど人生に役立つ出来事やうれしい成果を得ることになります。

ぜひ、シンクロニシティの解読をマスターして、それを実行してみてください。

シンクロニシティの解読の実例をたくさん知ることで、あなたも自然と解読のコツがわかってきます。

それでは、「語呂合わせシンクロニシティ」の「解読」の実例を見ていきましょう。

シンクロファイル NO.16 「555」のナンバープレート

まずは、とてもシンプルな解読の実例からお伝えします。

これは、週刊少年ジャンプに連載されていた国民的マンガ『こちら葛飾区亀有公園前派出所』通称「こち亀」の連載が終了した時のことでした。

「こち亀」の最終回とあって、その週のジャンプは多くの書店であっという間に売り切れになってしまいました。

私は毎週ジャンプを買っているのですが、その週は発売日から三日ほど経ってから書店に行きますと、すでにその号のジャンプは売り切れとなってしまっていました。

「マズイな……」と思いつつ別の書店に行くと、なんと！　そこでも売り切れでした。そして、もう一軒、もう一軒と書店やコンビニを何軒も見て回りましたが、どこの店もその号のジャンプはすべて売り切れとなってしまっていました。

「ああ、さすがに今回は買えないかな……」と思いはじめました。すると、一軒の小さな書店が目に入りました。

　しかし、どこも売り切れだったので、「小さなお店だから、もう行ってもないかな……」とあきらめムードでした。ところが、そのとき私のすぐ横を「５５５」のゾロ目のナンバープレートのクルマが通り過ぎました。

　じつは、これがシンクロニシティなのです！

「あ、これは、ゾロ目シンクロニシティだな……」と気づきました。

　この「５５５」のナンバープレートを目撃したという出来事にはどのようなメッセージがあると思いますか？　このシンクロニシティの解読はこうなります。

　シンクロニシティの解読には、まずは「その時の自分の状況や心境」を見ます。そして「その時の自分の状況や心境に一致するメッセージ」を引き出すのです。

　つまり、こうなります。

この時の私の状況や心境からすると、この「555」のナンバープレートのシンクロニシティの解読は「Go! Go! Go!（ゴーゴーゴー）」、つまり「Go!」は英語で「行け！」なので「行きなさい！ 行きなさい！ 行きなさい！」という意味だと感じました。

つまり、「この小さな書店に行ってみなさい」と解読したわけです。

そこで、私は「最後にもう一軒だけ行っておくか……」と半ばあきらめながらも、このシンクロニシティのメッセージに従って、その書店に行ってみました。

すると、なんと！

そこには、どこにも売っていなかった「こち亀最終回のジャンプ」がありました！

こうしてめでたくジャンプを購入することができました。

あきらめずに「555」のメッセージどおりに行動してよかったと思いました。

①「555」をその時の状況や心境から「語呂合わせ」で解読

←

②「Go! Go! Go!（ゴーゴーゴー）」

←

③「行きなさい！ 行きなさい！ 行きなさい！」

→ ④ **実際にその書店に行く**
→ ⑤ **探していた「こち亀最終回のジャンプ」があった！**

このように**「語呂合わせ」で解読ができるシンクロニシティはかなり多い**ので、覚えておいてください。

●シンクロファイル NO.17 「すだち」シンクロニシティ

それでは、もうひとつ「語呂合わせ」で解読した実例をご紹介しておきましょう。

これは以前、私が東京に住んでいた時の話です。その頃、私の身の回りでやたら「すだち」というシンクロニシティが多発しました。

「すだち」とはミカンに似た柑橘類のあのすだちです。

近所のうどん屋の「すだちうどん」のポスターがやたら気になったり、なにげにテレビをつけると、「すだち」農家が映し出されていたり、とても不思議でした。

SYNCHRO POINT ☜

「やたら気になる」場合もシンクロニシティ

このすだちには「一体どんな意味があるのだろうか?」と、いろいろ考えてみましたが、特に何も思いつきませんでした。

ところがその数日後、この「すだち」シンクロニシティの意味が、とんでもない事態とともに判明しました。

私の住んでいた部屋の大家さんに「一ヶ月以内に部屋を空けて欲しい」と言われたのでした。

「ええっ! 一ヶ月? それは、ちょっと無理では……」

と思いましたが、その時、私は「ああっ! そういうことだったのか!」と、急にあることに気づきました。

「すだち」シンクロニシティの意味がわかったのです。「すだち」を「語呂合わせ」で解読すると、こうなります……。

①「すだち」を「語呂合わせ」で解読すると

←②「巣立《すだ》ち」……鳥が巣から去る

←③「引越し」……人が部屋から去る

「すだち」を「語呂合わせ」で読みますと、「巣立《すだ》ち」と読めます。「巣立ち」とは、鳥が巣から去ることです。つまり、これは人で言ったら「引越し」にあたります。

つまり、あの多発していたすだちのシンクロニシティは、私に「近々『引越し』の時が近づいている」と事前に知らせてくれていたわけです。つまり、私に近未来に起こる出来事を事前に知らせてくれていたのです。驚愕でした。

このように**「シンクロニシティが起きている時というのは、人生の流れにうまく乗っている時」**なので、私は「これは正しい流れだ」と判断しました。

これまでの経験から、シンクロニシティを受け入れて行動すると、とてもイイことが起こっていたので、私はこう考えました。

「たぶん、どこかでとてもイイ条件の部屋が空いたのだろう」

つまり、「私のためにほかによい部屋が空いたので、一ヶ月以内に今の部屋を出ていくことになった」と、このことをシンクロニシティが知らせてくれていたのだと考えたわけです。

そこで、私は大家さんに「わかりました」と、すぐに引越しを了承して、新しい部屋を探しました。

すると、なんと！　私の予想どおりに近くにちょうど最近空いた、ものすごくよい条件の部屋がすぐに見つかりました。

やはり、シンクロニシティの流れは正しかったわけです。

①「すだち」は、近々「引越し」があると予言してくれていた
←②急な引越しにも、冷静に対応できた
←③さらに条件のよい部屋がすぐに見つかった

このように、「555」「すだち」のように語呂合わせで解読ができるパターンがあります。

じつは、この語呂合わせで解読ができるケースがかなり多いので、何か頻繁に目する「数字」や「言葉」のシンクロニシティが起きた時には、まずは「語呂合わせ」で「解読」をしてみてください。

また、このようにシンクロニシティが多発していても、その意味がすぐにわかるとは限りません。解読ができない場合は、「いずれわかるだろう」と泳がせてみてください。

このように、**「ある程度日にちが経ってから意味がわかることもある」**わけです。

そして、注目すべき点は、このようにシンクロニシティのメッセージを解読して実行することで、急な引越しにも冷静に対処でき、さらには、とても条件のよい部屋がすぐに見つかったということです。

シンクロニシティを解読し活用することで、人生の流れがスムーズになるわけです。

解読パターン 02 「珍しい出来事」に大切なメッセージが隠されていた！

「日頃あまり目にしないものを見る」「珍しい出来事と遭遇」、このような時には、その出来事自体がシンクロニシティの場合が多いです。

「珍しい出来事」が起きた時には、「この出来事にはどんな意味があるのか？」と解読してみてください。

すると、そこには大切なメッセージが届けられていることに気づきます。

シンクロファイル NO. 18 「小鴨《こがも》」シンクロニシティ

このシンクロニシティもかなり驚きました。私はブログに通商産業省（現・経済産業省）の元官僚の古賀《こが》茂明氏のことについて記事に書こうか考えていました。

そしてその日、私はカラオケ・スタジオへヴォイトレに行ったのですが、部屋が満室で一時間ほど待つことになりました。私はその間、書店にでも行こうと思い歩きはじめました。

すると「なんとなく」近くの川が気になり、「なんとなく」川の方へ行った方がイイと感じました。

この「なんとなく」の感覚はシンクロニシティからの合図です。もちろん、その感覚どおりに、私はその川の方へ向かいました。

するとそこでシンクロニシティが起きました！　その川を見ると、なんと！

鴨がいました！

そしてさらによく見ると数羽の「小鴨」までいました。

「珍しいな、こんなところに小鴨とは、初めて見たな……」と思いつつ、このような珍しい出来事はシンクロニシティであるケースが多いので、「このシンクロニシティにはどういう意味があるのか？」と解読してみました。

SYNCHRO POINT

「珍しい出来事には注目」、それはシンクロニシティであるケースが多い

解読の手順は、まず、この小鴨を目撃した直前に自分が何を考えていたかを思い出します。

シンクロニシティが起こった時には、その「シンクロニシティが起こった直前、またはその時期に自分が考えていたコト」とその出来事が繋がっているケースが多いのです。

この時、私は古賀氏の記事をブログに書こうかどうか考えていました。そこへ、この小鴨を目撃したわけです。

私はこの出来事を「語呂合わせ」で「解読」してみました。

① 「小鴨」を見た……この「珍しい出来事」はシンクロニシティかも……

↓

② この出来事の直前に考えていたことは、「古賀氏の記事も書こうか」

↓

③ 「小鴨」→「こがも」→「古賀も」

↓

④ 「古賀も書きましょう」というメッセージと解読

↓

⑤ 古賀氏の記事も書くと決めた

↓

⑥ 結果、とても勉強になった

この出来事を「語呂合わせ」で解読してみますと、見事にメッセージがわかりました。
「古賀氏の記事を書こうか考えていた時」に「小鴨」を見たわけです。これは語呂合わせで「小鴨《こがも》」「古賀も」と見事にシンクロしています。

つまり、この「小鴨」シンクロニシティは「古賀氏の記事も書きましょう」という意味だったわけです。そしてこのメッセージどおりに私は古賀氏の記事を書きました。すると、国際政治についてなど、とても大切なことを学ぶことができました。そのためにこのシンクロニシティが起こったわけです。

このように、**日常で少し「あれ？」っと、感じる「珍しい出来事」が起きた時には、それはシンクロニシティだと考え「その出来事にはどういう意味があるのか？」と「解読」をしてみてください。**

すると、この「小鴨」シンクロニシティのように見事に「語呂が合っていた」「メッセージになっていた」ということにたどりつくわけです。

そして、そのメッセージを実行してみると、そこには必ず何らかの成果があるのです。

シンクロファイル NO.19 夏目漱石の旧札

こちらも、日常に起きた「珍しい出来事」をシンクロニシティと見なして解読すると、そこに大切なメッセージが見つかりました。

当時、私は小説をたくさん読むようにしていました。ところが、その年の10月くらいに、とても忙しくなり、「小説を読むのをやめようか」と考えました。

その日、私は図書館へ本の返却に行くつもりだったのですが、「忙しくなったので、この本を返したらもう小説を読むのをやめよう」と決めていました。

ところが、ここでまたまたシンクロニシティが起きたのです。

私は図書館へ行く前に、先にカラオケ・スタジオでヴォイトレを終えました。そこのカラオケ・スタジオで会計のおつりを受けとるときに、店員さんがこう言いました。

「『Ｋ』さんには、コレをあげましょう！」

と、言って私におつりの千円札を渡してくれました。それをよく見ると、なんと！

今ではめったに見なくなった「夏目漱石の旧札」でした！

「おおおっ！　これは、珍しいですねえ！　ありがとうございます！」と私も驚き、お礼を伝えました。

しかし「待てよ……これは『珍しい出来事』だな。シンクロかも」と思いました。

私はいつも小銭を用意していますので、このように千円札のおつりを受けとることも珍しいことなのです。しかも、それが夏目漱石の旧札だったのです。

これは明らかに「珍しい出来事」であり、シンクロニシティの可能性が高いわけです。
そこで、私は「この出来事の意味は何だろう？」と「解読」をしてみました。
解読の手順はこうです。

①この「珍しい出来事」はシンクロニシティかも

←②この出来事の直前に考えていたことは「もう『小説』を読むのをやめておこう」

←③受けとった千円札を見ると

←④なんと！　夏目漱石！　「小説家」が描かれている！　つまり……

←⑤「小説を読み続けなよ」というメッセージ

私はこう解読しました。それにしても驚きました。「小説を読むのをやめよう」と決めたその日に、まさか「小説家の夏目漱石の旧千円札」を受けとるとは思ってもいませんでした。
せっかくこのような珍しいシンクロニシティが起こったので、「小説を読み続けなよ」というメッセージをしっかりと実行することにしました。

その後の一年で１００冊以上の小説を読み、たくさんの素晴らしい作品と出会えました。たくさんの文章に触れたため、文章を書くスピードも以前よりも速くなりました。

このシンクロニシティが起こらなかったら、あの日、私は小説を読むことをやめてしまっていたはずです。あの時点で小説を読むのをやめずに、夏目漱石のシンクロニシティに従って本当によかったと思いました。

このシンクロニシティは私が「進むべき道から逸れてしまいそうだったのを、正してくれた」わけです。

これら「小鴨」「夏目漱石」の出来事のように**「珍しい出来事」はシンクロニシティであり、何かしら、あなたへの「メッセージ」がこめられています。**

SYNCHRO POINT

「何か珍しい出来事」に遭遇したら、どんなメッセージがあるのか解読する

すると、そこに必ず何らかの「あなたのためのメッセージ」があります。

仮に、私が「小鴨」や「夏目漱石の旧札」を「おおおっ！　珍しい！」と驚いただけだったとしたらどうでしょうか？　私は何も得るものがなかったことでしょう。

この「珍しい出来事」はいずれも、私がどうしようかと考えていた時に「私に進むべき道」を示してくれました。

何か「珍しい出来事」が起きたら、必ず「シンクロかも？」「何かメッセージがあるかも？」と、解読をしてみてください。

すると、そこに必ず何らかの「メッセージ」があることに気づきます。

SYNCHRO POINT

あなたに起こる珍しい出来事には、じつは大切な意味が隠されている

解読パターン 03

「ふとした身体の反応」にも大切なメッセージが隠されていた！

「珍しい出来事」に大切な意味が隠されていましたが、じつは、**「ふとした身体の反応」にも**

メッセージが隠されていることがあります。

この事実を知ると「ええっ！　こんなことにすら意味があったのか！」と驚かれることでしょう。

そして、この世界に隠されているシンクロニシティはいたるところに、その影響を与えているということがおわかりになるかと思います。

「あなたに起こる出来事には、じつは大切な意味が隠されている」ということが、さらに「なるほど」と思えるようになります。

シンクロファイル NO.20 ひざカックンつまずき

このシンクロニシティは最高レベルに驚愕です。

それは私が「シンクロニシティには意味があり、意味を解読して行動すると驚くような結果が待っている」ということを知りはじめた頃の出来事でした。

その日、私は書店にとある本を探しに行きました。しかし、目当てのコーナーへ行ってみると私が探していた本はありませんでした。「残念だな……」と思いながら店内を歩いていました。すると、そこで驚愕のシンクロニシティが起きました！

書店内を歩いていると、なんと！

ひざがカックンとなって身体のバランスを崩してつまずきそうになりました！

「え？　それがシンクロニシティ？」と思われたでしょうか。

そうです。じつはこれがシンクロニシティなのです。しかも、最高レベルの驚愕シンクロニシティです。

この出来事をよくよく考えてみると不思議ではないでしょうか。

私は普通に書店内を歩いていただけなのに、平らな床でどうして急につまずきそうになったのでしょうか？

しかも1メートル前でもなければ、1メートル後ろでもなく、「どうしてその場所」でつまずきそうになったのでしょうか？

SYNCHRO POINT

あなたに起こる出来事には、じつは大切な意味がある

私は「ひょっとしたら、こんな些細《ささい》なことにも、じつは重要な意味があるのではないか?」と考えました。

私がまさに、「この場所」でつまずきそうになったのには、「その場所に何か特別な意味があるからではないだろうか?」、そう仮定してみました。

たとえば、「この場所」に何か大切なものがあって、私がそれを気づかずに通り過ぎようとしてしまった。

そこで、「この場所に何か大切なものがある」ということを私に知らせるために、「ふとした身体の反応」を使って、ここで私をつまずかせたのでは? と考えてみたわけです。

図にするとこうなります。

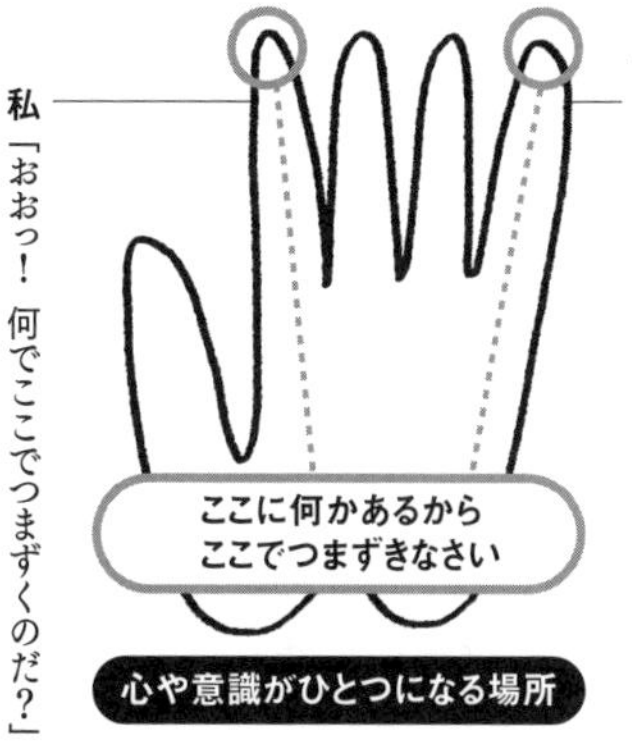
何者か
私「おおっ! 何でここでつまずくのだ?」
ここに何かあるから
ここでつまずきなさい
心や意識がひとつになる場所

つまり、私に「この場所」にある「大切な何か」に気づかせるために、私をつまずかせたと仮定してみたわけです。

そう思った私は、ちょっと実験をしてみることにしました。この時、私は普通に歩いていて、「この場所」でひざがカックンとなってつまずきそうになりました。しかし、書店内でコケるわけにはいきませんので、とっさに体勢を立て直しつまずくことはありませんでした。

つまり、そのまま行けばつまずいていたところを、理性で体勢を立て直してつまずくのを阻止したわけです。

しかし、それは「何か大切なもの」があることを私につまずくという形で知らせてくれたことをも阻止したことになります。

そこで、「もし私がつまずくのを阻止しなかったらどうなったのだろうか？」これを再現してみることにしました。つまり、実際につまずいてみるわけです。

そうしたら、知らせてくれた「大切な何か」がわかるかもしれません。

「ここでこうつまずいて、身体が前方へ倒れ込み、そして、このあたりに右手をついたはず……」

と、私は自分がコケるのを再現してみました。

すると、なんとも驚愕な事実が判明したのです！

「おおおっ！　こ、これは！」


その右手をついたところを見ると、なんと！　そこには、驚愕のモノがありました！

なんと！　その日私が探していた目当ての本がそこにあったのです！

「うおおお！　マジかよ！」

正直、これには私もホントに驚きました。まさか、自分が「つまずきそうになった場所に、探していた本があった」とは、まったく思ってもいませんでした。驚愕でした。

①書店で探していた目当ての本が、該当するコーナーになかった
←②書店内を歩いていたら、ひざがカックンとなりつまずきそうになった
←③この場所に何かあると知らせてくれたのでは？　と仮定してみた
←④実際につまずいたらどうなっていたのか再現してみた
←

⑤ なんと！　そこに探していた目当ての本があった！

この本だけ別のコーナーに、つまり私がコケそうになった場所にあったのです。それを、この「ひざカックンつまずき」シンクロニシティは私に知らせてくれたのでした。これには本当に驚きました。

いかがでしょうか。**歩いていてつまずきそうになった。このような「ふとした身体の反応にも」じつは大きな意味があった**わけです。

このような些細な出来事にまで、これほどの驚愕な意味があるとは私も知りませんでした。しかし、これが私たちの住んでいるこの世界の事実なのです。

私たちはこの世界の真実をまだほんの一部しか知らないのかもしれません。

この出来事は何者かが、「そこに探している本がありますよ」と私に知らせてくれているようにも見える出来事でした。

シンクロファイル NO.21 友人の御祖母

いかがでしょうか。歩いていてつまずきそうになるといった些細な「ふとした身体の反応」にもじつは、これほどまでに重要な意味があったわけです。

さらに理解を深めるために、これと似た話をもうひとつお伝えします。私のほかにも同じ体験をした方がいました。

私は友人にこの「ひざカックンつまずき」の話をしてみました。すると、その友人は、「その話はとてもよくわかる」と言いました。そして、その友人はとても面白い話を聞かせてくれました。

その友人の御祖母がいつも畑に行くときに、「毎回同じ場所で転んでしまう」というのです。つまり、この御祖母もいつも同じ場所で「身体の反応」があるというわけです。

御祖母は「どうしていつも同じところで転ぶのかな?」と不思議に思いました。そしてある日、御祖母はそのいつも転ぶ場所を「なんとなく」掘ってみました。すると驚いたことに、ここに驚愕のシンクロニシティが起こりました! その土の中から、なんと!

「観音様の掛け軸」が出てきました!

もちろん実話です。私の友人の御祖母の実際の驚くべきシンクロニシティです。

この出来事は、私のシンクロニシティとまったく同じ構造で起きています。

ただ、実際に御祖母が転んでしまっていたのは、ご高齢のためつまずきそうになった時に、体勢を立て直すことができずにそのまま転んでしまったわけです。

私の場合は若いのでつまずきそうになっても体勢を立てなおして転ばなかっただけです。

「つまずきそうになり」そこに「重要なモノがあった」という構造はまったく同じです。

たいていはつまずきそうになると、「おっとっと」と体勢を立て直し何もなかったように、通り過ぎてしまいます。

しかし、実際はこのように「つまずきそうになる」という「身体の反応」にも、じつは重要な意味が隠されているわけです。

SYNCHRO POINT ☞

あなたに起こる、身体の反応にも大切な意味がある

このように、私たちの日常の些細な出来事の中にも重要な「メッセージ」が届けられているわけです。

ちなみに「ひざカックンつまずき」シンクロニシティは、この後にも2回ほど書店で起こり、毎回そこで私が探していた本を見つけることができました。

もしも、つまずきそうになった時は、その場所でいったん立ち止まり、「回りを見渡す」「その時、何を考えていたのか？」に注目してみてください。すると、そこに重要なメッセージがあるかもしれません。

また、**「身体の反応」には、「休息をとるように」というメッセージのケースもあります。**

私も何かしら「身体の反応」があるときは、休息をとるようにしています。

解読パターン04 「不快な出来事」にも、じつは大切なメッセージが隠されていた！

さてここまで「語呂合わせ」「珍しい出来事」「ふとした身体の反応」にも意味があることをお伝えしましたが、じつはなんと**「不快な出来事」までにも、やはり大切なメッセージが隠されている**のです。その実例を知ると、

SYNCHRO POINT

自分に起こる出来事には意味があり、じつは護《まも》られている

という感覚が身につきます。

シンクロファイル NO.22 クルマの割り込み

脇道から急にクルマが自分のクルマの前に強引に割り込んできた。こんな経験をしたことのある方も多いかと思います。

そんな時にムッとする人もいるでしょう。しかし、私の場合は、むしろそのクルマに対して「ありがとう」という気持ちになります。

じつはそれには「ある秘密」があります。そしてその「ある秘密」を知ることで、イライラしなくなり、私たちは本当に護られていると思えるようになります。

私がその「ある秘密」を知ることとなった出来事をお伝えしましょう。

当時、私は非常勤職員として大学に勤めていましたが、通勤にはクルマを利用していましたが、その日は少しばかり部屋を出るのが遅れてしまい、少々気持ちをはやらせながらハンドルを握っていました。

その時、私は高速道路沿いの道幅の狭い側道にクルマを走らせていました。

すると、そこへいきなり脇道から別のクルマが私の前に強引に割り込んできました。

「うわ！　おいおい、強引だねえ……」

しかも、そのクルマはなるべく早く行きたい私の気持ちをよそに、とてもゆっくり走るのでした。これでは私もゆっくりクルマを走らせるしかありません。

「よりによって急いでいる時に……」

普通ならばここで「ムッ」となるタイミングなのかもしれませんが、その時、私の中で別の考えが「ひらめき」ました。

この頃、先ほどの「ひざカックンつまずき」シンクロニシティなどを体験していましたので、この「クルマが割り込んでくる」といった出来事にも、じつは大切な意味があるのかもしれないと考えました。

「いや、まてよ。これは落ち着いて運転しなよ、というメッセージかもしれない……」

と、考えたその時でした。

突然、右の道からクルマが現れ、目の前にある小さな十字路を猛スピードで右から左へと駆けぬけていきました。

それを見た時、私はゾクリと背中に冷たいものが走るのを感じました。

なぜなら、冷静に頭の中で、あのまま直進していたらどうなったかをシミュレーションしてみますと……「もしあのまま私はスピードを落とさずにクルマを走らせ続けていたら、そのクルマと接触していたかもしれない」。そう感じたからです。

「私の目の前をゆっくりと走るこのクルマが強引に割り込んできてくれたおかげで、じつは私は救われていたかもしれない」と感じました。

そう考えると、私の心はまたもう一段階変化しました。

「割り込んでくれてありがとう……」

自然と感謝の気持ちが湧き、私はそうつぶやきました。そして落ち着いて運転して職場へ行きました。

いかがでしょうか。このように一見「不快と思える出来事」であっても、じつはこのような大切な意味が隠されている可能性があるわけです。

SYNCHRO POINT

「不快な出来事」には、大切なメッセージが隠されている

急いでいるときに限って割り込まれるといったケースでは、「急がず落ち着いて運転しましょう」というメッセージの場合があるということが、このケースからわかりました。それがわかるとイライラするどころか、感謝の気持ちが自然に湧いてきますよね。

じつは**あなたに起こる不快な出来事には、このような大切なメッセージがあるのです。**

もしも、あなたのクルマの前に割り込んでくるクルマがきたら、そのクルマのおかげで、タイミングが少しズレて、じつは護られたのかもしれないわけです。

「不快な出来事に意味がある」ケースは、かなり多いので、ぜひ、知っておいてください。

このパターンを知っておくと、イライラすることもなくなり、シンクロニシティにも気づきやすくなります。

また、これは実際の映像で見たのですが、ある人が「宝くじで大当たり」したので、そのご本人に出てもらい再現ＶＴＲを撮っていました。そうしたら、その時いきなり別の人がサッとその人の前に割り込んだので、その人は宝くじを買う順番がひとつ後にズレてしまいました。

ところが、このひとつズレたことで、この再現VTRを収録中に、この人はなんと！

またもや「宝くじに大当たり」してしまったのでした！　驚愕です！

「おおお！　そんなこともあるのか」と、私も驚きました。

割り込まれ、ひとつ順番が後になったことで、ものすごい恩恵を受けたわけです。

こういった事実を知っておきますと、不快な出来事に対して見方が変わります。

この視点で自分に起こった「不快な出来事」を観察すると、そこには何かしら大切なメッセージがあることに気づくようになります。

●シンクロファイル NO.23 捨てられていたゴミ

「不快な出来事」に隠されたメッセージの実例をもうひとつお伝えしましょう。

駐輪場へ停めておいた自分の自転車のカゴにゴミが投げ込まれていた。いかがでしょうか。

これも、やはり一見「不快な出来事」に思えますよね。

しかし、このような出来事ですら、じつはシンクロニシティであるケースもあるのです。

その日、私は書店に行きました。美しい風景の写真集はないかな？　と棚を見て回りました。

すると、世界中の名所のとても美しい写真集があったので、私はそれを購入しました。

「このような美しい景色の場所に行ってみたいな。どうしたら自由に行けるようになるのだろうか？」

と考えながら書店を出て、駐輪場へ行きました。

すると、なんと私の自転車のカゴに、ゴミが投げ込まれていました。

SYNCHRO POINT

一見「不快に思える出来事」には、大切なメッセージが隠されている

このことを、先ほどの「クルマの割り込み」シンクロニシティの体験から、私は知っていますのでムッとはしません。

「お！　ゴミだ。この出来事にはどんなメッセージがあるのだろうか？」と考えました。そこで、この出来事を解読してみました。

まず、「この出来事の直前に自分が何を考えていたのか？」を思い起こしました。その時、私は「海外の美しい場所に、どうしたら自由に行けるようになるのか？」と考えていました。

次に、カゴに捨てられていたゴミを観察してみました。すると、やはりそこにはメッセージがありました。そのゴミには、なんと！

「できることからひとつずつ」と書かれていました！

つまり、私が「どうしたら自由に海外の美しい場所に、自由に行けるようになるのか？」という「問い」の「答え」が、「できることからひとつずつ（行動していこう）」とそのゴミに書かれていたのです！

私の「問い」の「答え」が、なんと！　ゴミに書かれた文字として届けられたわけです。

「ゴミにまでメッセージが隠されていたとは……」と、私も驚きました。

こちらがその時の実際のゴミを写メで撮っておいたものです。

「まあ、そうだな、自由に海外の美しい場所へ行けるようになるなんて、できることをひとつずつ積み上げていった努力の結果だよな」と、なんとも的確な「答え」を私はゴミのシンクロ

ニシティから得ることができました。

①この出来事の直前に何を考えていたのか？

↓

②「海外の美しい場所に、どうしたら自由に行けるようになるか？」

↓

③ゴミを観察する

↓

④「できることからひとつずつ」と印字

↓

⑤ゴミに「疑問」の「答え」があった

いかがでしょうか。このように「クルマの割り込み」「捨てられたゴミ」といった、一見「不快に思える出来事」にも、じつは大切なメッセージが隠されていました。

不快な出来事に腹を立てる必要はなく、そこに隠されたメッセージを探してみるとよいわけです。

SYNCHRO POINT

「不快な出来事」にこそ、メッセージを探してみる

ちなみに、私はこの「不快な出来事」に隠されたメッセージについて、友人に話してみました。すると、その友人にもこのシンクロニシティが起こりました。

その友人が花火大会に行った時のこと。周囲の人たちがたばこを吸いだしたので、友人はたばこの煙が苦手なので移動しました。

「ここなら大丈夫だろう」と場所を移動した友人は、そこで花火を見ました。すると、またまた周囲の人たちがたばこを吸いだしました。そこで、仕方なくさらに遠くへ移動しました。

すると、なんと！　その場所からは、花火をとても近くで見ることができて、それは迫力もあり本当に綺麗で「人生最高の花火だった」とのことでした。

その友人は「周囲でたばこを吸ってくれた人たちのおかげで、移動したため、人生最高の花火を見ることができた」と話してくれました。

そうなのです。一見「不快な出来事」には、このような側面があることが多いのです。

友人は「あぁ、『　K　』さんが言っていたのは、こういうことだったのだな」と、とても

納得したとのことでした。

あなたもぜひ「不快な出来事」があった時には「この出来事にはどんな意味があるのだろうか？」と解読してみてください。すると、そこには必ずあなたにとって大切なメッセージがあることに必ず気づくはずです。

じつは、**「むしろ不快な出来事にこそ自分にとって大切なメッセージがある」**のです。

解読パターン 05
「えええっ！　と、ピンチな出来事」にメッセージあり

「語呂合わせ」「珍しい出来事」「ふとした身体の反応」「不快な出来事」にもシンクロニシティのメッセージが隠されていることをお伝えしてきました。

次は「えええっ！　と、ピンチな出来事」に潜むシンクロニシティをお伝えします。

シンクロファイル NO.24　F1レーサーのピンチ

この話は元F1レーサーの佐藤琢磨氏の話です。これはとても意外な話ですが、佐藤氏は若

かりし頃とんでもない失敗をしています。

それはレーサーでありながら、なんと！ 自動車免許の停止になってしまったことがあるのです。これは、想像以上にかなり大きな失敗で、免停になると日本国内でのレースの出場資格を失い、レースに参加できなくなってしまうのです。

佐藤氏はこの年F3というレースにデビューしたばかりで、まだ2戦しか走っていませんでした。まさに「これから」という時に、痛恨の大失敗でした。

これは佐藤氏にとって、大ピンチであり相当ショックだったことでしょう。

ところが、しかし！ この大失敗が佐藤氏にとって大きな転機となり、大きなチャンスとなるのです。

大きなショックがあると、「扉が閉ざされた」と思い、人は歩みを止めてしまうこともありますが、実際は「別の扉が開いている」ケースも多いのです。**大切なのはミスの後「別の新たな扉を探すために」どう行動するか**です。

この大きなミスの後、佐藤氏はどういう行動に出たのか？

日本でのレースに出場できなくなってしまった佐藤氏は海外へ渡り、イギリスのF3のレースに出ることにしました。

このことは当時の所属チームの社長の林みのる氏が「規則は規則。琢磨はレースを続ける以上は海外に道を求めるしかなかったわけです」と語っています。

このような経緯でイギリスに渡った佐藤氏ですが、じつはこのことが佐藤氏のレーサー人生を大きく変えてしまったのです。佐藤氏はイギリスF3で大活躍して、なんと！　日本人初の「イギリスF3チャンピオン」となってしまったのです！

そして、このことがF1のシート獲得に繋がったのでした。もちろん「日頃の努力があってこそのこと」ですが、希望を持って行動し続けていると、本当に人生何があるかわかりません。「ピンチのウラにチャンスあり」。こんな大きなピンチのウラにも、これほど大きなチャンスが潜んでいたのです。

もちろん交通ルールは守らなくてはなりませんが、大きな失敗をしてしまっても、その後の前向きな行動によって、より意味のある大きなチャンスを得ることもあるわけです。

SYNCHRO POINT

何かから遠ざかることは、何かへ近づいていることでもある

何かを失った時はショックもありますが、じつはそこに意味があり、その人にとって「別の何かが与えられているといった側面もある」わけです。

その視点も大切にして、何かを失った時には、「そこに与えられている何か」を探してみてください。新たな何かが必ず見えてくるはずです。

シンクロファイル NO.25 いきなりの解雇

大きなショックの後に、それでもなお前向きに行動し続けると、とてつもなく大きなチャンスと出会うといった実例はほかにもあります。

私の知人のご兄弟のお兄さんはインディーズ・バンドのドラマーでした。仲間とバンドを組んで懸命に活動していました。

ところがそんなある日、メンバーたちから解雇通告をされてしまったのでした。

「あれだけ懸命にやってきたのに、なぜいきなりクビに……」と、この不条理とも言える出来事にかなりショックを受けていたとのことでした。

このいきなりの解雇でショックを受けた知人のご兄弟のお兄さんは、この出来事の後どういう行動をとったのでしょうか。やはり、歩みを止めませんでした。

いきなりの解雇をされたものの、やはりドラムは好きだったので、その後もしっかりと練習に打ち込みました。

そしてその数日後のこと、ここで驚愕の出来事が起きました。なんと！

メジャーデビューが決まりました！

いきなりのインディーズ・バンド解雇からの、驚愕の大展開です！

とある有名なメジャー・バンドのドラマーが急に脱退してしまったので、そのバンドのドラマーとして加入の話がきたのでした！

あのショックな解雇がメジャーデビューに繫がるとは！

私の知人も、そのご家族の方々も、突然解雇されたことを残念に思い心配していただけに、これには皆びっくりしたとのことでした。

SYNCHRO POINT

何かから遠ざかることは、何かへ近づいていることでもある

佐藤氏の話もそうですが、一見「ええっ！　マジかよ！」と思える大きなショックな出来事にも、じつは、努力をしていれば、このようなチャンスに繋がる場合もあるわけです。

SYNCHRO POINT

一見、不条理なショックな目にあっても、くさらず前向きに行動する

このシンクロニシティからわかることは、「突然の解雇」には「あなたはそろそろメジャーに行く時ですよ」というメッセージが隠されていたわけです。

もちろん練習をサボっていて解雇されたならば話は別です。その場合は「しっかり反省して行動を改めましょう」というメッセージかもしれません。

しかし、このように前向きに取り組んでいての「突然の解雇」であれば、「チャンス」がそこにあるケースもあるわけです。

このように「ピンチやショックな出来事」にも、じつは大切な意味があるので、そんな時にはぜひこの話を思い出して勇気を出して行動してみてください。

きっとそこに大切なメッセージやチャンスを見つけることができるかと思います。

解読パターン 06 「看板の文字」にもメッセージが隠されていた！

次は看板の文字のシンクロニシティの実例を見てみましょう。「語呂合わせ」から解読した「すだち」の実例もそうですが、**看板の文字がシンクロニシティになっていて、そのままメッセージを伝えてくるケースがあります。**

シンクロファイル NO.26 部屋探し

私は音楽家になるために上京したのですが、これはその時の「部屋探し」の話です。こちらもちょっと不思議な体験です。

部屋探しにはかなりこだわりがあります。私は部屋でギターを弾くので、防音がしっかりしている鉄筋造りで、楽器や機材が多いので収納がたくさんある部屋が必要です。
部屋の条件には、かなりのこだわりがありました。

☆東京23区内
☆駅から5~10分以内（機材を運ぶため）
☆日当たりのよい南向き
☆最上階の部屋
☆雰囲気がよい
☆風呂トイレ付
☆都心に出やすい立地
☆静かな環境
☆収納が充実
☆鉄筋マンション

しかも、

☆家賃4万円台!

いかがでしょうか。東京23区内でこの条件の部屋を見つけることは、かなり大変です。「さすがにこれは無理では?」と思う方も多いかと思います。

しかし、奇跡的なシンクロニシティを起こすコツがあります。

SYNCHRO POINT

最初から無理だと考えない
とにかく、やれるところまで努力してみる

これが最大のコツです。私はこれまでのシンクロニシティ体験からそのことを知っていましたので、とにかく、やれるところまでやってみようと、この条件のまま部屋探しをしました。何事も「やれるところまでやってみる」と、「ここまでは可能という範囲」や「ヒント」が見えてきます。これが大切です。

しかし、この条件での部屋探しは大変でした。実際どこの不動産屋に行っても「いや〜この条件のお部屋はちょっとないですね」と言われました。

ところが、あきらめず続けていると、やはり少しずつ「情報」が入ってきました。とある不動産屋で「板橋区のあたりならあるかも」と言われました。

そこで、私は板橋区へ行きました。すると、かなり条件に近い部屋がいくつか見つかりはじめました。

しかし、すでに数日間にわたり数十軒もの不動産屋を回り、私はかなりへとへとに疲れていました。私は駅のベンチに座り、「少しは条件を妥協しようか……」と考えはじめました。

しかし、その時ふと顔を上げると、そこに不動産屋の看板がど～んと目に入ってきました。

これは「その不動産屋へ行けというシンクロニシティ」です。しかし、私はもはや疲れきっていましたので、さすがに「もう行きたくない」と思い、その看板から思いっきり目を逸らしました。すると、ここで完全なシンクロニシティが起きました！

私が目を逸らしたその先には、なんと！

「俺が推薦する」と書かれた大きな看板がありました！

これは「その不動産屋へ行け！　俺が推薦する！」という意味だと、すぐにわかりました。

①不動産屋の看板が目に入ってきた

←②疲れていたので「行きたくない」

←③思いっきり看板から目を逸らすと

←④「俺が推薦する」という看板が目に飛び込んできた

←⑤解読すると

←⑥「その不動産屋へ行ってみなさい。俺が推薦する」

「うっ、くっそお〜。へとへとに疲れているが最後にもう一軒だけ行ってみるか……」

私は重い足を引きずりながら、シンクロニシティに従いその不動産屋へ行ってみました。

すると、やはりそこで、なんと！　奇跡は起きました。

その不動産屋へ行くと「その条件の部屋なら、最近空きましたよ」とあっさり言われ、本当にあっけなく部屋が決まりました。驚愕でした！

すべての条件を満たしている上に、家賃4万5000円と格安で、駅からも3分。これ以上はないというくらいの好条件の部屋でした！

部屋に入った瞬間に「ここだ！」と感じました。本当に最後の最後にシンクロニシティに従ってよかったと思いました。

このように「看板の文字」のメッセージに従って行動し、素晴らしい結果を得たわけです。

●シンクロファイル NO.27 「ジュン」という看板

もうひとつ「看板の文字」の解読の実例をお伝えしましょう。

これはとても珍しいケースですので、解読のヒントにもなるかと思います。

これは私が大学に勤めながら、名古屋で音楽活動をしていた頃の話です。

音楽のデモテープをつくるにはMTRという機械を使って作ります（MTRとは、歌、ギター、ドラム、ベース、キーボードなどのパートを別々に録音したものをひとつの曲にまとめることができる特殊な録音用の機器です)。

この頃、私は入門用のＭＴＲを使っていましたが、だんだんと凝った曲を作るようになり、その入門機では不十分になってきていました。

そんなある日、楽器屋へ行くと新型のＭＴＲが発売されていました。この機材であれば私の作りたい曲が作れると思いました。ところが、この新型ＭＴＲの値段が高かったのです。しかし、この新型ＭＴＲが私にはどうしても必要でした。すると、この頃からシンクロニシティが起こりはじめました。

街中で「ジュン」と書かれた看板を頻繁に目にするようになったのです。そして、その「ジュン」という文字が、とても気になりました。

この「とても気になる」感覚はシンクロニシティです。

この「ジュン」というシンクロニシティは「一体どういう意味なのか？」。

そしてその数日後、私は職場で仲良くしていただいている上司の方と食事に行きました。この上司の方も音楽が大好きで、いつも私と音楽の話で大いに盛り上がります。

この日も音楽の話で盛り上がっていたところ、私は先ほどの新型ＭＴＲの話をしました。するとその上司の方はこう言いました。

「へえ～イイねえ。僕も入門用でいいからＭＴＲ欲しいなあ」

「えっ！　マジっすか！」

私は一瞬ハッとしました。そうか、今ある私の入門用のＭＴＲを上司の方に買ってもらえば、新型ＭＴＲのための資金ができるのか……と頭に浮かびました。

しかし、これにはかなり悩みました。入門用のＭＴＲを買ってもらっても、新型ＭＴＲは高いのでまだ資金がかなり足らないわけです。それなのに、この入門用ＭＴＲを手放してしまったら、私は機材がなくなってしまい作曲ができなくなってしまうわけです。

「入門用ＭＴＲを上司の方に買ってもらえば、ある程度資金にはなるが、どうしようか……」

と、思った瞬間、私は再びハッとしました。

「そうか！　そういうことだったのか！」

ここで、「ジュン」というシンクロニシティの意味がわかったのです！

今、一緒にいる上司の方の名前が、なんと！

「ジュン」さん、だったのです！

私は、新型ＭＴＲを欲しいと思いはじめてから、ずっと続いていた「ジュン」というシンクロニシティの意味を「今ある入門用のMTRを『ジュン』さんに、買ってもらいなさい」と解読しました。

しかし、やはり迷いました。入門用MTRを手放してしまうと、私は作曲ができなくなってしまいます。とはいえこれはハッキリしたシンクロニシティの流れでした。

私が新型MTRを欲しいと思った、まさにその時に、私の持っているいずれ使わなくなる入門用のMTRを欲しいという人が現れてくれたのです。

このタイミングのよい出来事はまさにシンクロニシティなのは明らかでした。それに、新型MTRは「いずれは必ずいる機材」です。そこで私はここでも、思いきってシンクロニシティに従うことにしました。

ジュンさんは喜んでちょっとイイ値で買ってくださいました。さて、唯一の作曲機材のMTRを手放してしまった私でしたが、その後どうなってしまったと思いますか？

やはりシンクロニシティに従って正解でした。

その後、さらに不思議なシンクロニシティが起こり、なんと新型MTRの購入資金が全額あっさりと揃ってしまったのです。

そして、無事に新型MTRを購入して、私は新しい作曲環境を整えることに成功したわけでした。

このケースの解読のコツは「ジュン」という看板のシンクロニシティが起こりはじめた頃、自分はどういう心境にあったのかを考えたことです。

私が「新型ＭＴＲが欲しい」と思いはじめた頃でしたので、そのことと関係している可能性が高いと読んだわけです。

シンクロニシティは、その時の自分の「状況」や「心境」と呼応して起こります。

解読のコツは、自分の「状況」や「心境」と起こった出来事の関係性を考えると意味にたどりつきやすくなります。

SYNCHRO POINT

起こった出来事と、その時の「状況」や「心境」と照らし合わせて解読する

とはいえ、このケースはとても珍しく、手持ちの機材がいったんなくなってしまうわけですから、ちょっと迷いました。通常シンクロニシティでは、自然な流れでスムーズにコトが運びますので、このようにいったん機材がなくなるといった不都合なことはあまりないのです。

シンクロニシティだからといって鵜呑《うの》みにはせずに、こういったシンクロニシティは慎重に

判断することが必要です。

この時、私がシンクロニシティに従ったのは、この頃、作曲の技術が向上してきて「どう考えてもMTRの入門機では、すでに不十分だった」「絶対的に新型MTRが必要だった」からです。

そして、その後の展開でスムーズに新型MTRを購入できたことからも、この「ジュン」シンクロニシティに従って正解だったことがわかりました。

このように、看板の文字が進むべき方向を示してくれるケースがあるわけです。

ちなみに、この時、残りの購入資金はどのように入手したのかというと、そこでも不思議なシンクロニシティが起こりました。

当時のバンドメンバー（このバンドでは私はギターでした）と打ち合わせ中に、ドラムのAが「チェッカーズがテレビに出ているぞ」と言いました。すると、ボーカルのMが「は？　今時、そんなわけないだろ」と反論しました。私は「また、つまらぬことを……」と思って聞いていましたが、普段は仲のよいAとMがだんだんヒートアップしてきました。

もちろん、冗談半分の衝突ではありましたが「え？　こいつら何やってんの？」と、私はこの珍しい出来事に驚きました。

しかし、「ハッ、まてよ、この『珍しい出来事』はシンクロだぞ」と思い、私は解読をしてみました。すると、これが本当に驚愕のシンクロニシティでした。

「あぁ！　そういうことか！」

ドラムのAが「チェックだろ、チェックだろ」と連呼しているのを聞いて、私は重大な事実を思い出しました。それは、「トラベラーズチェック」でした。私は学生時代にオーストラリアに行った時の「トラベラーズチェック」がそのまま残っていることに気がついたのです。

そこで、私は実際に、そのトラベラーズチェックをドルから円に両替してみると、驚いたことに、先ほどの「ジュン」さんにMTRを買っていただいた金額と合わせて、なんと！

ちょうど「ピッタリ新型MTRの値段」と同じになったのです！

これには、本当に驚きました。この友人ふたりの衝突という「珍しい出来事」も、やはりシンクロニシティだったのです！

普段からメンバーたちはいつも私のためになる行動をとってくれるのですが、「トラベラーズチェック」があることを私に知らせるためにドラムAとボーカルMが衝突してくれていたわけです。本当にありがたい仲間たちです。

図にするとこうなります。

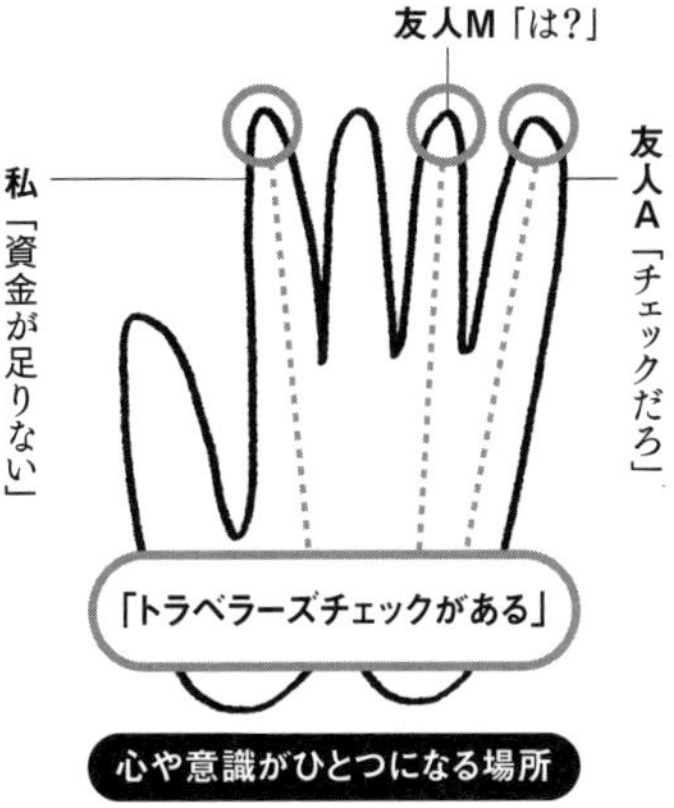
友人M「は?」
友人A「チェックだろ」
私「資金が足りない」
「トラベラーズチェックがある」
心や意識がひとつになる場所

私が新型ＭＴＲの購入資金がなく困っていたところ、心や意識がひとつになる場所には「トラベラーズチェックがある」という情報があります。しかし、なかなか私がその情報に気づけないので、友人ＡとＭが私のために「チェック騒動」を起こしてくれたわけです。

友人たちのこの騒動のおかげで、私は「トラベラーズチェックがあった」ことに気づかせてもらえたわけです。これには本当に助けられました。

こうして、すぐに私は新型ＭＴＲを購入することができたわけです。

シンクロニシティでは、このようなことまで起こるわけです。驚愕です。「友人ふたりのつまらぬ衝突」が、「まさか私へのメッセージになっていた」とは、本当に驚きました。

このように「人と人は本当は見えない次元で繋

がり協力し合っている」ということが、このシンクロニシティの実例から読み解けます。

とくに親しい間柄では、このようなとても重要なシンクロニシティが起こります。

ぜひ、このパターンも知っておいてください。

解読パターン 07

「生き物との遭遇」にメッセージが隠されていた！

第1章であなたは「生き物」たちとも繋がっているとお伝えしましたが、生活をしていると、「え！　どうしてこんなところに」という場所で「生き物」と遭遇することがあります。

「小鴨」もそうでしたが、じつはそうした**「生き物」との遭遇もシンクロニシティであり、そこには大切なメッセージが隠されています。**それでは「生き物」シンクロニシティの実例を見てみましょう。

シンクロファイル NO. 28

Gという名の生き物

私には苦手な生き物があります。それは、おそらくあなたも苦手とするあの「G《ゴキ》」という生き物です。しかし、この苦手な「G」との遭遇にも、じつはとても大切な意味が隠されているのです。ここでは「G」を「やつ」として書いていきます。

この「絶対に見たくない虫」というのは、じつは「自分の心の中にある、絶対に見たくない自分の気持ち」とシンクロしているケースが多いのです。

この事実に気づいたのは、私が実際に「やつ」と遭遇した時に、「どうして、このタイミングで遭遇したのだろうか?」と疑問を持ったことが始まりでした。

そこで、いつものようにシンクロニシティの視点から考えてみました。シンクロニシティは自分の内面と呼応して起こります。

SYNCHRO POINT

シンクロニシティは自分の内面と呼応して起こる

自分がどういう心境の時に、この絶対に見たくない「やつ」と遭遇するのかに注目してみました。すると、ある共通点があることに気づきました。

それは、「自分が向き合いたくない問題から逃げている時」に「やつ」が現れていたのです。

たいていは私が何かに腹を立てていたり、愛と調和から少しズレてしまった時に現れていたのでした。

つまり、**この絶対に見たくない「やつ」との遭遇は、私が「愛と調和からズレてしまっているよ」ということを知らせてくれていたわけ**です。これは、スゴイことを発見してしまったなと思いました。なんと！「やつ」が私を助けているわけです！

これは、「やつ」と遭遇したら自分の心と向き合い反省をして、自分自身を改めれば「正しい自分に戻れる」ということなのです。そして「シンクロニシティの流れに戻れる」ということです。そう考えると「やつ」にも感謝の思いが湧きました。

これは東京でインディーズの音楽家をしていた頃の話です。その夜、私はバンドのメンバーのひとりとお互いの意見の相違から衝突してしまいました。

普段、私はバンド内でほとんど腹を立てることはないのですが、その日は相手のあまりのやる気のなさに腹を立ててしまいました。

その日、私は楽譜を速達郵便でメンバーに送らなければなりませんでした。当時、東京でクルマを持っておらず、しかも夜中だったので遠くの郵便局まで歩いて行かなければなりませんでした。

そして私はメンバーに「なんなのだ、あのやる気のなさは！」と腹を立てながら、道を歩いていました。すると、ここで一番嫌なシンクロニシティが起きました。

真っ暗な夜道なのに、ふと見るとそこには、なんと！

「やつ」がいたのです！

「マジか！　このタイミングで現れるとは！」と驚きましたが、私は明らかに腹を立てていたので、それが原因だとわかりました。

そこで「やつ」が現れたということは「私の中で何かが間違っている時」だと解読しました。そこで、いったん歩くのをやめて立ち止まり、心を落ち着かせました。

するとハッとあることに気づきました。速達郵便を出すために、私は遠くの郵便局まで歩こうとしていたのですが、「速達郵便は速達料金分の切手を貼れば近くのポストからでも出せる」ということを思いだしたのです。

「ああっ、いけない……腹を立てていてこんなことにすら気づけなかったのか……」と、ものすごく反省しました。

そして、この反省の機会を与えてくれたのが、なんと！「やつ」つまり私が絶対に見たくない虫の「G」だったのです。

私は「やつ」に救われたのです。もしも、「やつ」が現れてくれなかったら、私は遠くの郵便局まで往復1時間もかけて歩いてしまうところでした。

そう思うと、思わず「やつ」に「ありがとう」という気持ちになりました。

私はこのシンクロニシティを通して「やつ」がこんなにイイやつで、こんなにも私に貢献してくれていることを知りました。

それ以来、「やつ」が現れると私はすぐさま反省するようになりました。

もしも、あなたが「絶対に見たくない生き物」を見た時には、「自分の心の中を見て」みてください。「何か大切な問題から目を逸らしている」可能性が高いはずです。

自分の問題から逃げていると、そのことをあなたに知らせるために「絶対に見たくない虫」が現れます。

そして、人生の問題としっかりと向き合い修正をしてみてください。すると、人生の正しい流れに戻れます。

シンクロファイル NO. 29 オオルリアゲハ

では、もうひとつ「生き物との遭遇」のシンクロニシティを見てみましょう。

以前、私の地元でとても珍しいチョウを目撃しました。黒色の下地に美しい碧色をした羽を持つ、見るからに南国の生物といった感じのチョウでした。私はその時初めてその美しいチョウを見ました。

そこで、気になりネットで調べてみますと、そのチョウは「オオルリアゲハ」だとわかりました。このチョウです。

驚いたことに、このオオルリアゲハは日本には生息しておらず、オーストラリアから持ち込まれたモノが稀《まれ》に目撃されるとのことでした。本当にレアなチョウと遭遇してしまったわけです。

「オオルリアゲハを見ると幸せになれる」と言われていて、とても縁起のよいチョウとのことでした。

そして、実際にこの頃、私はとても幸せで楽しいことがたくさんありました。

SYNCHRO POINT

シンクロニシティは自分の内面と呼応して起こる

自分の人生から逃げていると「絶対に見たくない虫G」と遭遇してしまいます。

しかし、とても幸せで楽しい時にはオオルリアゲハのように、幸せになるチョウと遭遇することができました。

このように、なにげにあなたの前に現れる生き物も、じつはあなたの内面とシンクロしているわけです。

このように、**ちょっと珍しい生き物と遭遇した時には、その生き物の象徴的な意味などを調べてみると、その時の自分とシンクロしていることがわかります。**

シンクロファイル NO.30 バッタ

ほかにも、私が東京に上京しようとしていた頃にも、「生き物」シンクロニシティが多発しました。それは「バッタ」のシンクロニシティでした。

①「バッタ」シンクロニシティ ← ②「跳ねる、飛ぶ」イメージ ← ③つまり「引越し」

これも本当に驚いたのですが、私が友人とファミレスで「東京に引越そうかと思う」と話していた時に、いきなり私たちのいる席の窓ガラスに「バッタ」が激突してきたのです。

それを見て私は、「ああ、これは本当に引越しする流れだな」と感じました。

そして、その約一ヶ月後には、本当に私は東京に引越していました。

私の友人もこの「バッタ」シンクロニシティを体験しています。それも驚くべき体験ですが、なんと！


冷蔵庫の中からバッタが飛び出してきました！

野菜にバッタがくっついて入っていたのでしょうか！　しかもその時、テレビから『グラスホッパー（バッタ）』という映画の番組が流れたというのです！

冷蔵庫からバッタが飛び出した時に、バッタの番組が流れたとは、鳥肌ものだったと話してくれました。その後、その友人も、本当に「引越し」することとなりました。驚愕です。

いかがでしょうか。このように、**私たちは「生き物」とも繋がっていて、「生き物」たちはシンクロニシティを使って「近未来に起こる出来事」や「メッセージ」を届けてくれることがある**わけです。

解読パターン 08

「キケンを知らせてくれる」シンクロニシティ

ここまで見てきたように、シンクロニシティは様々な形で、私たちを助けてくれています。

そして、時には事前にキケンを知らせてくれる、未来予知のようなシンクロニシティまであります。

シンクロファイル NO.31 お腹が痛い

この実例も、かなり驚愕なタイミングでした。

その夜、私は冷蔵庫の中の食材を見ながら何を作ろうか考えていました。

ふと、冷蔵庫にあった魚を見ると消費期限がかなり過ぎてしまっていました。

「うわっ！　ヤベーこれはいかん！」

私は食材を大切にするというポリシーがあり消費期限を過ぎることは滅多にないので、これにはかなりのショックを受けました。

少しくらい消費期限が過ぎただけならば「ま、食べてしまえ」となるのですが、この日の魚は食べられるかどうか非常に微妙な感じでした。

「ちょっと臭いがヤバイかな？」と思い少々迷いましたが、結局私はその魚を食べようと調理しました。そして完成した料理をテーブルに運び、なにげにテレビをつけました。

私は語学が好きなのでフランス語講座の番組をつけていました。

そして、いよいよ食べようとしたその瞬間、驚愕のシンクロニシティが起きました！

なんと！

画面に「お腹が痛い」という文字が映し出されました！

これが、その時の実際の映像です。

「えええっ！　おいおい！　マジかよ！」

私が古くなってしまった魚を、今まさに食べようとしたその瞬間に、フランス語で

「J'ai mal au ventre.　お腹が痛い」

と画面に映し出されたのです！　しかも、出演者は痛そうにお腹を押さえています。このあまりにも驚愕のタイミングに、私はかなり驚きました。

「さすがに、これは食べたらヤバイだろうな」

しかし、一応自分でも確認しておこうと思い、その魚を口に入れてみました。すると、やはり、今まで食べたことのないデンジャラスな味がしましたので、食べるのはやめておきました。

「え？　どうして口に入れたの？」と思う方もいるでしょう。しかし、じつはこれも大切なポイントです。

私は驚愕なシンクロニシティだからといって、それを鵜呑みにすることはまずありません。そのシンクロニシティの解読が愛と調和があり本当に正しいのかどうか、自分でしっかり考えて判断してからシンクロに従うようにしています。これが大切です。

ともあれこうして私は危機を脱しました。私はシンクロニシティの忠告に従い食べなかったので、かりに実際に食べていたらどうなったのかはわかりません。

しかし、私の性格からすると、もしあのシンクロニシティがなかったら、「食材を捨てたくない」という想いから、無理して食べてしまったかもしれません。

そこにこのシンクロニシティが起きて救ってくれたわけです。

このように、**シンクロニシティが「やめておいた方がイイことを事前に知らせてくれる」**といったケースがあるわけです。

キケンを事前に知らせてくれるシンクロニシティは本当にありがたいものです。私は「知らせてくれて、ありがとう」と感謝の気持ちをこの出来事に伝えておきました。

シンクロファイル NO.32 祖父の靴ひも

次は、シンクロニシティに命を救われた驚愕の実例をお伝えしましょう。

なにげない日常に、偶然は起きていて、その偶然に命を助けられることもあります。

これは大正生まれで戦争体験者の私の祖父の話です。祖父は厳しいながらもとてもユニークな人でした。

私が子どもの頃、祖父の机の上に植木鉢があったのですが、その植木鉢にはひとつだけぽつんと小さな白い花が咲いていていました。

葉っぱも何もなく枝がスルリと伸びて、そのてっぺんに白い花だけが咲いていていました。

「何かヘンだな……」と思い、幼い頃の私はその植木鉢に近づいていきました。

すると、びっくり！　その白い花は祖父が「いたずら」で白い紙で作った花だったのです！

ほんの思いつきで作ったものなのでしょうが、祖父は手先が器用な人だったので、その白い花は驚くほど精巧にできていました。

「この花、紙でできているぞ！」と私が言うと、まわりの大人たちもやってきまして、その精巧な白い花を見てみんな驚いていました。

祖父は「ほう、気づいたか」と笑っていました。

そんな祖父が戦争に行っていた時のことです。このような性格だった祖父は人と人が傷つけあう戦争がイヤでした。

そんなある日、祖父は驚愕のシンクロニシティ体験をすることになります。その日、祖父は銃を持ってジャングルを歩いていました。

どれくらい歩いた頃でしょうか、ふと見ると靴のひもがほどけていました。

「お！」

それに気づいた祖父が靴のひもを結ぼうと腰をかがめて座るやいなや！

その時！　驚くべきことが起こりました！

「パアーーーーーン！」

それは、いきなりの銃声でした！

そしてなんと！　その銃から発射された弾は、祖父の頭上をヒューン！と、通り過ぎていったのでした。

なんと！　祖父は靴のひもを結ぶために腰をかがめたので、弾に当たらなかったのです。

おそらく靴のひもがほどけているのに気づかずにそのまま歩いていたら、その弾に当たってしまっていたことでしょう。驚愕です。

たまたま「偶然」ほどけていた靴のひもに気づいたことで、祖父は命を救われたのでした。

この話を聞き、私も「こんなこともあるんだな……」と、とても驚きました。

このような奇跡や偶然は、とても貴重なシンクロニシティです。

この奇跡が起きた背景には「人を傷つけたくないという祖父の想い」も深く関係しています。なぜなら、第1章で解説しましたように、愛と調和の状態でいるとシンクロニシティに気づきやすくなるからです。

図を見てみましょう。

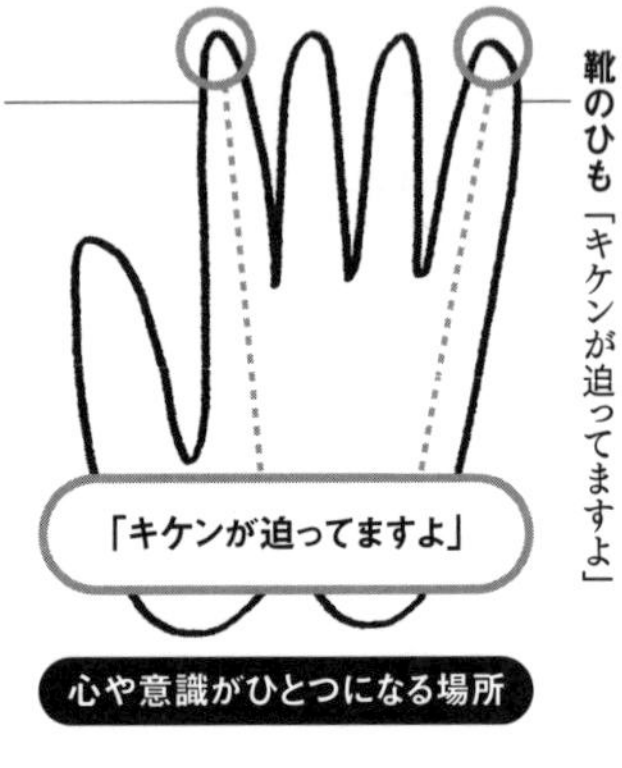
靴のひも「キケンが迫ってますよ」
祖父「ん？ 靴のひもがほどけているな……」
「キケンが迫ってますよ」

愛と調和の意識だと「心や意識がひとつになる場所」にある情報と繋がりやすくなります。

愛と調和の意識でいると、このようなシンクロニシティによっての奇跡的な加護を得ることがあるわけです。さらに、もうひとつポイントがあります。

SYNCHRO POINT

気づいたことは、愛と調和で「即行動」する

シンクロニシティの流れに乗るには、「シンクロニシティがきた時に、すぐ行動に移す」ことが大切です。

この祖父のケースにしましても、「あ、靴のひもがほどけている。後で結べばいいや」と行動を先送りにしてしまっていたら、大変なことになってしまったことでしょう。

気づいたことは先送りにせず、「愛と調和でできることはどんどん行動に移して」みてください。

そうすることでシンクロニシティの流れに乗ることができます。

解読パターン 09
「モノが知らせてくれる」シンクロニシティ

第1章で「あなたはすべてのモノと繋がっている」ことをお伝えしましたが、このように様々なケースのシンクロニシティの実例を知ることで、そのことをより深くわかってきたことかと思います。「人」「生き物」「出来事」との繋がり、といったシンクロニシティを見てきましたが、次は「モノ」との繋がりからくるシンクロニシティの実例をお伝えします。

● シンクロファイル NO.33 ハート形

それは私が知人と人間関係で「どう対処したらイイのだろうか？」という問題を抱えている時のことでした。

そんなある朝のこと、その問題を「どう対処したら、もっとスムーズに話が進むのだろうか？」と考えながら、私は朝食の準備をしていました。

すると、ビックリするようなシンクロニシティが起きました！

フランスパンをスライスして、その上にハムをのせマヨネーズをかけようとした時のことでした。そのマヨネーズが、なんと！


キレイなハート形になったのです！

これがその時の実際の写真です。

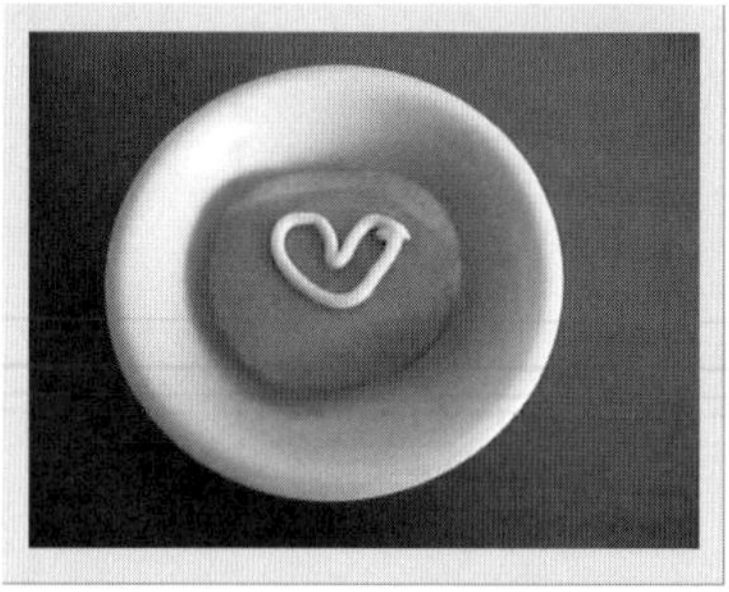

「おおおっ！　素晴らしい！」と思わず驚いた私でしたが、これは明らかに「珍しい出来事」でありシンクロニシティなので、この出来事に隠されているメッセージの解読をしました。

解読の手順はいつものとおりです。

① この出来事が起きた時に考えていたことを思い出してみる
↓
②「どう対処したら、スムーズに話が進むのか？」と考えていた
↓
③ そこへ「マヨネーズのハート形」シンクロニシティが起きた
↓
④「ハート」は愛の象徴
↓
⑤「愛のある対応をするといいよ」と解読

こうして、私は「マヨネーズのハート形」シンクロニシティから、その隠されたメッセージを読み解きました。

そして、「確かに私も思いやりが足らなかったな」と反省して、愛のある対応を心がけ、その後の話し合いはうまくいきました。

このように、「マヨネーズの形」が、具体的な人間関係の問題の「解決策」を届けてくれるといったケースもあるわけです。

ちなみに、この「ハート形」シンクロニシティは、マヨネーズのほかにも、湯呑みに残された茶渋や、お菓子に入っているハートなどの場合もあります。

このように、「ハート形」シンクロニシティが起きた時には、「その時のあなたの状況や心境」によって解読の仕方が変わってきます。ここが大切です。

マヨネーズの「ハート形」シンクロニシティの場合は、私はちょっと愛の足らない対応をしていたので、その解読は「愛のある対応を心がけましょう」となります。

しかし、下のカップ写真は、ファミレスのドリンクバーで起きた「ハート形」シンクロニシティで、この時、私は真剣に執筆をしている

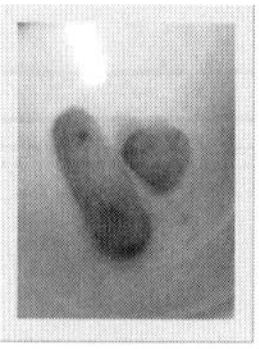

最中でしたので、その解読は「がんばってね」というメッセージだと感じました。

このように同じ「ハート形」のシンクロニシティが起きても、その時の状況や心境によって解読されるメッセージは変わってきます。

解読のコツは、その「ハート形」シンクロが起きた時の、あなたの状況と心境から、そのシンクロニシティを体験した時に、「どう感じたか？」を見ることです。

基本的にはあなたが、イラッとしていた時であれば、「愛を大切にしましょう」となり、がんばっている時であれば、「がんばってね」といったメッセージになると考えてください。

もちろん、そのほかの意味のメッセージとなる場合もあります。

シンクロニシティの解読のポイントは、その時の「あなたの状況や心境」と「あなたがどう感じたか」です。これをもとに解読をしてみてください。

シンクロファイル NO. 34 本が倒れる

シンクロニシティで「モノ」がメッセージを届けてくれる実例をもうひとつお伝えしましょう。

人生に大きな影響を与えてくれる「本との出会い」があります。そして、それは時として不思議な形の出会いとなることがあります。

その日、私は書店にいました。なにげに棚の本を見ていると、ふいに、コトッと一冊の本が倒れたのです。

「おや？ 何だろう。この出来事にも意味があるのかな……」「この本を読んでごらん」と言われたとも解読できます。私はその本を手に取り少し読んでみました。

すると、そこには、なんと！

私が前々から知りたかった情報がたくさん書かれていました！

このように、目の前でなにげにコトッと本が倒れるといった出来事にも、じつは大切な意味が隠されていたわけです。

何かが自然に倒れたときには、ちょっと注目してみてください。その時自分が何を考えていたのかを思い起こしてください。この時の私もそうでした。

①「何かイイ本はないかな……」

←②「コトッと目の前で自然に本が倒れた」

←③この出来事はシンクロニシティかも

←④「自分が知りたかった情報がたくさん書かれていた」

これと同じシンクロニシティの話が、世界初のリンゴの無農薬栽培に成功した「奇跡のりんご」の木村秋則氏の著書『すべては宇宙の采配』（東邦出版）にも、紹介されていました。

雨の降る日、木村氏はエンジンの改造の本を探しに書店へ行きました。そして棚の一番上にその本を見つけたのですが手が届きません。

近くに店員さんもおらず、脚立《きゃたつ》もなかったので、木村氏は近くにあった棒で突っついてその本を落としました。

そして、自分の目当ての本を見事にキャッチしたのですが、ここでシンクロニシティが起きました。なんと！

自分の欲しかった本の隣にあった本まで落としてしまいました！

「え？　それがシンクロニシティなの？」と思われた方もいるかと思います。これは単なる木村氏のミスにも見えますが、じつはこれが驚愕のシンクロニシティだったのです！

この時、木村氏は自分の目当てだった本はキャッチできたものの、隣にあったその本は床に落として汚してしまいました。木村氏は汚してしまったその本を、仕方なく購入しました。

家へ帰ってその本を何ページか読んでみたのですが、まったく興味が湧かず、タンスの上に置きっぱなしにしました。

ところが、一年以上経った後に、その本をぱらぱら見ているうちにすっかり夢中になってしまいました。

なんと！　その本は「自然農法」の本で、その後、木村氏が農薬を使用しない「奇跡のりんご」栽培を可能にする大きなヒントとなった本だったのです！

床に落として汚してしまい仕方なく購入した本が、木村氏にとってとても大切な一冊だったのです。

第2章の「エアロスミス」シンクロニシティも、私が間違えて購入してしまったマンガ雑誌からシンクロニシティが起こりました。

じつはこのように、**一見ミスや間違えのような出来事にも、とても大切なメッセージがあることがある**わけです。

「あ、落としちゃった」とすぐに棚に戻すのではなく、「まてよ、これはシンクロかも」とその出来事を考えてみてください。

間違えて本を落としてしまった時などは、その本を少し読んでみたり、一応購入しておくとイイかもしれません。

すると、そこにはあなたが、いつか必要とする情報が書かれているといったケースがあるわけです。

解読《パターン》10 「イタイ出来事」にもメッセージが隠されていた！

机の角に足をぶつけてしまい、「イタタタタ！」といった体験をしたことのある方は多いかと思います。じつは、これは最もわかりやすいシンクロニシティなのです。

シンクロファイル NO. 35

頭ゴツン！

これは私がとある人生の課題に直面していた時の出来事でした。その日、私はマンションの入り口近くのスペースに座ってその人生の課題のことを考えていました。

ところがだんだん考えることがイヤになってきた私は「ま、イイや！ 適当でイイや！」とその問題を丸投げしてしまいました。そして、立ち上がった瞬間でした、ここで衝撃のシンクロニシティが起きました！ なんと！

「ゴツン！」と思いっきり壁の突起した部分に頭を打ってしまいました！

これは本当に痛かったです。よくマンガで、頭を打つと星が出るシーンがありますが、じつはあれは本当です。この時、私の目には、実際に星が見えました。

私は痛いながらも「マンガの星はじつは本当だったのだな……」と、少し感動しました。

このシンクロニシティの意味は、本当にわかりやすいです。私が直面している人生の課題を

「ま、イイや」と丸投げした瞬間に起きています。

つまり、「きちんと、問題と向き合いなさい」というメッセージと解読できます。

この体験をした後、私は「イタタタ！」という出来事が起きたら、すぐにその時考えていたことを思い出すようにしました。

すると、なんと！　毎回例外なく「私が何か問題を投げ出そうとしたり、サボろうとした時」に起こっていました。

このような痛い出来事が起きた時とは、「そっちに進んではだめです」ということを知らせてくれているわけです

SYNCHRO POINT

イタイ出来事とは、自分が気づかず間違った方向に進もうとしている時に、軌道修正をしなさいという合図

ちなみに、この〈イタイ系のシンクロニシティ〉には、「仕事でミスしてしまう」「味噌汁を床にこぼしてしまう」「クルマで一時停止を忘れて罰金になってしまう」などのバリエーションがあります。

物理的に「イタイ」だけではなく、精神的に「イタイ」出来事が起きた時も、それはシンク

ロニシティなのです。

このようなシンクロニシティが起きた時には「自分の考え方を変えた方がイイですよ」というメッセージであることが多いです。

ポイントはイタイ出来事が起きた時に「考えていた怠惰なコトやよこしまなコト」を無理やり「考えないようにするのではなく」、その時に「考えていた怠惰なコトやよこしまなコト」を「より自分が向上できるような考えに改める」ことが大切です。

たとえば、「この仕事はサボりたいな……いかん、いかん、そんなことを考えては……」と考えないようにするのではなく、「この仕事はサボりたいな……いや、まてよ、この仕事が将来、何かの役に立つかもしれない！」と考え方を変え、「よし、真剣に打ちこもう」と行動を変えるわけです。これが重要です。

「考えないようにする」だけでは、あなたの心は変わりません。「自分が向上できる方向性で、考え方を変える」ことで、あなたの心が変わります。

そして、その考え方を行動に移すことによって、より良い人生がはじまるのです。

イタイ出来事が起きた時には、あなたの考え方を変えて行動してみてください。すると必ず良い方向へ進むことができます。

SYNCHRO POINT

「イタイ系のシンクロニシティ」が起きた時は、自分の考え方と行動を変える

このタイプのシンクロニシティはいろいろな意味でとても「イタイ」です。

しかし、そのおかげで自分が正しい方向へ進めるきっかけとなりますので、とてもありがたいシンクロニシティと言えます。

解読パターン 11

「心がモヤモヤ」には大切なメッセージが隠されていた！

なぜか心が「モヤモヤ」することありませんか？

「エアロスミス」の実例でもお伝えしましたように、じつは、あなたにとって大切なメッセージがある時に、心が「モヤモヤ」します。

心が「モヤモヤ」する時には、必ず自分の心の声に「これは何を言っているのだろうか？」と耳を傾けてください。

そして、心のモヤモヤをしっかり感じてみて、「ふと、頭に浮かんだこと」を実行に移してみてください。すると、シンクロニシティに繋がっていきます。

シンクロファイル NO. 36 アーハのCD

その日、私は外出の準備をしながらノルウェーのバンド、アーハ（a-ha）の歌を口ずさんでいました。

このアーハのアルバムに『Hunting High and Low』という名盤があります。そのアルバムの曲はとても元気が出る曲が多く、以前、私は毎日のようにそのアルバムを聴いていました。

しかし、私はそのアルバムのCDを持っていなかったので、何年もの間ずっとそのアルバムの曲を聴いていませんでした。

ずっとアーハの曲を口ずさんでいたので、余計にそのアルバムが聴きたくなってしまいました。

「あのアルバムだけは買っておけばよかったな」と思いつつ、私は外出しました。

そして、用事を終えた後、その日は忙しかったので、すぐに自宅に帰るつもりでした。

ところが、なにげにレンタルショップの「看板」が目に入り、「とても気になり」はじめました。一瞬、レンタルショップに寄って行こうかなと思いましたが、やはり、「忙しいから早く帰らなくては」と思い、私はそのまま帰ることにしました。すると、不思議なことに急に心が「モヤモヤ」しはじめたのです。

SYNCHRO POINT

心の「モヤモヤ」は、シンクロニシティからのメッセージ

私は「このモヤモヤは俺にどうしろと言っているのだろうか？」と、心のモヤモヤをしっかりと感じて「解読」をしてみました。

すると、どうやら「レンタルショップへ寄りなさい」と、心が言っているように感じました。

私の心は「レンタルショップへ寄りなさい」と言っていましたが、観たい映画もなく忙しかったので、私の頭は「早く部屋に帰りたい」と思っていました。

私の心と頭が、真逆のことを主張していました。

しかし、心の声を無視して強引に帰ろうとすると、さらに心の「モヤモヤ」が大きくなるわけです。そこで、私は「ああ、これは寄っていけ」ってことだなと思い、レンタルショップへ寄ることにしました。

とくに何も借りるつもりもなかったので、「なぜ心はレンタルショップに行けと言っていたのだろうか？」と疑問に思いながら店内を歩いていました。しかし、心の「モヤモヤ」はスッと消えていたので、これは正しい行動だと思いました。

すると、そこでシンクロニシティが起こりました！　ふと店内のワゴンを見ると、そこに、なんと！

アーハのＣＤがあったのです！

先ほど、私が口ずさんでいたアーハのＣＤアルバムです。それが、なんと私にジャケットがよく見えるように立てて置いてありました。

「マジかよ、それで寄れと心は言っていたのか……」。見事なタイミングです。

私が「買っておけばよかったと思ったアーハのＣＤ」を、心の声に従って行動した結果、その数時間後に、実際に購入することができたのです。

しかもこれはかなり昔のアルバムなので、街のレンタルショップに新品が売られていることは稀です。私に、この貴重なＣＤが近くにあることを、心の「モヤモヤ」が知らせてくれていたわけです。

SYNCHRO POINT

心の「モヤモヤ」を解読して行動するとシンクロニシティが起こる

いかがでしょうか。このように、**心の「モヤモヤ」は、あなたにシンクロニシティからメッセージが届いている時**なのです。

この実例からわかりますように、自分が「シンクロニシティからのメッセージと逆の方向に進もうとした時に、心が『モヤモヤ』とした状態になる」わけです。

自分の頭は「早く部屋へ帰りたい」、しかし、心は「レンタルショップに寄りなさい」と、頭と心が一致しない時に心が「モヤモヤ」するわけです。

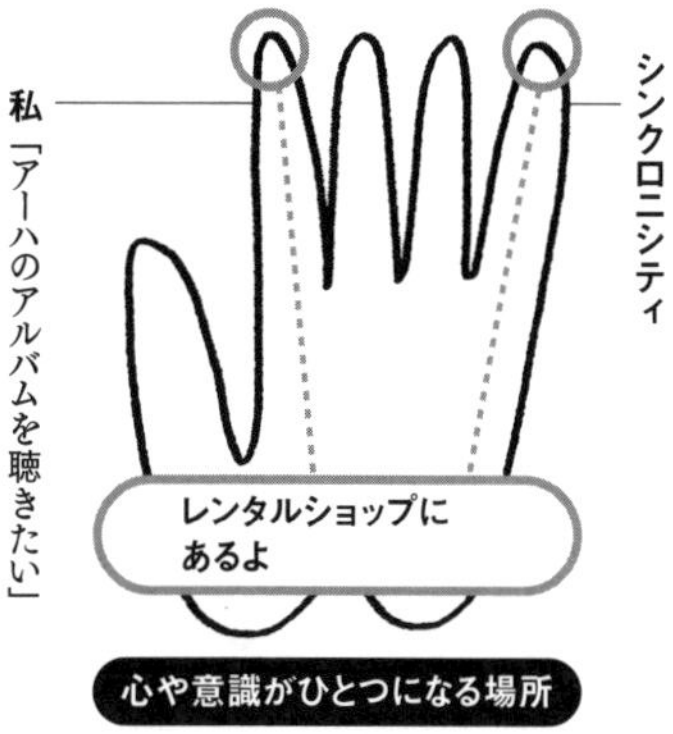
シンクロニシティ
私「アーハのアルバムを聴きたい」
レンタルショップにあるよ
心や意識がひとつになる場所

SYNCHRO POINT

心の「モヤモヤ」は、進むべき方向を修正することを知らせてくれている

ということです。心が「モヤモヤ」する時は、しっかりと自分の心を感じて、「心はどうしろと言っているのだろうか?」と考えてみてください。

そして、ふと「頭に浮かんだコト」「思い当たるコト」を行動に移してください。それが正しい行動だったのならば、心の「モヤモヤ」はスッと晴れ、よい結果に繋がります。

解読パターン12 「気になる映画や本」にもメッセージが隠されていた!

あなたに必要な情報が、「なんとなく気になる映画や本」を見てみると、そこに出てくるといったシンクロニシティがあります。

では、その実例を見てみましょう。

シンクロファイル NO.37 映画『シェフ！』

これは私が、仕事や活動方針について考えている時のことでした。その日は「なんとなく」映画でも観てみようかという気分でした。

この「なんとなく」はシンクロニシティからの合図ですので、私は実行に移しました。そして、どんな映画がやっているのかネットで調べると、ひとつだけ「とても気になる」映画を見つけました。

『シェフ！ ～三ッ星レストランの舞台裏へようこそ～』という料理人の映画でした。するとやはり、その時の私にとって、この映画はとても大切なメッセージが含まれていました。

この映画の主人公は料理が好きなのですが、「あまりにも料理にこだわりすぎて、自分が納得のいく職場が見つからない」という映画でした。

しかし、この主人公は自分が大切にしている料理へのこだわりを貫き通しました。すると、その料理へのこだわりを認めてもらえる職場に巡り合うことができ、主人公は自分らしくこだわりの料理を作る仕事に就くことができました。

この時、私も自分の仕事や活動の方針を考えていたわけですが、この映画の内容は、見事に私の状況とシンクロしていて、まさに観るべき映画でした。

この映画を観て、私は、

「やはり時間がかかったとしても、本当の自分のこだわりを活かせる仕事をする」

と決めました。

このように、たとえば悩みや問題がある時に、「ふと気になる映画や本」を見てみると、そこに自分の求めていた「答え」がある、といったシンクロニシティが起こります。

このシンクロニシティにはふたつポイントがあります。

ひとつは、これはもうお馴染《なじ》みになってきましたが、「ふと気になる」映画や本を選ぶということです。「ふと気になる」というのはシンクロニシティからの合図です。

もうひとつのポイントは、その映画や本の感想を実際に「文章」にしてみる、ということです。

ただ普通に映画を観ただけだと「ああ、面白かった!」で、終わってしまいます。

ところが、その映画で感じたことを短い文章にしてみると、それがそのままあなたの問題に対するヒントや答えとなっている場合が多いわけです。

この実例でも「時間がかかったとしても、本当の自分を活かせる仕事をすることが大切だ」

というこの映画を観た感想の「文章」が、そのまま私の直面していた問題の「答え」となっています。

何か悩みや問題がある時には、「ふと気になる映画や本」を見てみてください。そしてその感想を短い「文章」にしてみてください。そこには必ずヒントや答えがあるはずです。

CHAPTER: 4

第4章

シンクロニシティとの上手な付き合い方

～あなたの人生にシンクロニシティを起こし、それを活用する方法～

これまでに、様々なシンクロニシティの実例をお伝えしてきました。

この章では、あなたの人生に実際にシンクロニシティを起こし活用するための情報をお伝えしていきます。

01 シンクロニシティの見分け方の9つのコツ

ここまでご紹介してきましたシンクロニシティと似た体験をされている方もいるかと思います。しかし、中には自分が体験した出来事がシンクロニシティなのかどうか判断がつかないこともあるかと思います。

そこで、**起こった出来事がシンクロニシティなのかどうかを「見分けるポイント」**について解説していきましょう。

コツ1 驚くレベルのタイミングや出来事

はじめに最も典型的なシンクロニシティを解説します。

たとえば、「シンクロファイル05『エアロスミス』から問題解決へ」のように、「エアロスミスの曲を聴いている時に、パッと開いた雑誌に『エアロスミス』と大きく書いてあった」というような場合は明らかに偶然に一致しているので、シンクロニシティだとわかります。

あまりのタイミングのよさと偶然の出来事に驚きますよね。

このような**「驚くほどのタイミング」「驚くほどの偶然の一致」であれば、それはシンクロニシティ**だと考えてください。

コツ2 自分の感覚を大切にする

ほかの人がその出来事を驚かなかったとしても、あなた自身が「驚き、気になった」のであれば、それはシンクロニシティと考えてみてください。

驚きの基準は人によってそれぞれ違います。そして、シンクロニシティは「あなたの内面に呼応して起こるので、あなた自身の感覚を基準とする」ことが大切なのです。

これはとても大切なことですが、**あなたがあなた自身の心を「感じて」「信じて」「大切に」していきますと、あなたの心のセンサーがどんどん「育ち」「敏感に」なっていくのです。**

そして、よりシンクロニシティに気づきやすくなります。
「あなたの感じたその感覚を大切に」してください。

コツ3 心に引っかかる出来事

「驚くレベルの出来事」でなかったとしても、あなたの心が反応したのであれば、それはシンクロニシティであるケースが多いです。

第3章でお伝えしましたように、
解読パターン02「珍しい出来事」
解読パターン03「ふとした身体の反応」
解読パターン04「不快な出来事」
解読パターン05「ピンチな出来事」
解読パターン10「イタイ出来事」
と、あなたが感じる出来事には、何らかのメッセージが隠されています。

あなた自身の「心に引っ掛かる」のであれば、それはシンクロニシティと考え解読してみてください。**大切なのは「あなた自身の心の感覚」**です。

コツ4 3回以上、目にする耳にするコト

たとえば、「最近よく『〇〇』という看板や文字を目にするなあ」といった場合です。

このような場合は、目安として、**同じ言葉や出来事を「3回以上」見たり聞いたりする場合はシンクロニシティだと考えてみてください。**

3人の人から「〇〇してみたら？」と同じことを言われるとか、立て続けに3回以上「同じ文字」を見た、そういったケースです。

このような時は、あなたに何らかのメッセージが届いていますので、それが愛と調和でき・る・こ・と・で・あ・れ・ば・シンクロニシティだと考えてみてください。

もちろんこれは目安です。たとえ1回でも、「あなたが何かを強く感じた場合」はシンクロニシティである場合が多いです。

この3回以上、というのは、むしろ「あなたがさほど何も感じない場合」です。あなたが大切なメッセージが近くにあるのに「何も感じることができない」から、周囲の人たちが3回も言ってくれているといった可能性があります。

ただし、これを実行に移す時は、人に言われたからではなく、しっかりと自分で判断して愛

と調和のもとに実行してみてください。

コツ5 あなたのことを大切に想っている人からの言葉や出来事

とくに注目して欲しいケースがあります。それは、「あなたのことを大切に想っている人からの言葉や出来事」です。

あなたのことを大切に想っている人からの言葉や出来事というものは、それがシンクロニシティである可能性が非常に高いです。たとえば、親や親友からの言葉です。

そもそも、第1章の「葡萄」のケースのように、あなたのことを大切に想ってくれている人とはシンクロニシティが起こりやすいのです。

たとえ1回であっても、あなたのことを大切に想っている人からの言葉や出来事であれば、それがシンクロニシティであり、大切なメッセージだと考えてみてください。

そして、言われた言葉や出来事を、自分のその時の状況や心境と照らし合わせて、思いあたることを行動に移してみてください。

私もとくに親や親友からの言葉は、「あいつが言ってくれたってことは、大切な意味があるかも……」と注目するようにしています。

そして、そのメッセージどおりに行動してみますと、やはりそれがシンクロニシティだと確信できる結果を得ています。

前章の、友人たちから届けられた「トラベラーズチェック」の実例もそうでした。

あなたのことを大切に想っている人からの言葉や出来事は、「かなり重要なメッセージ」のシンクロニシティだと考えてください。

コツ6 やたら気になるコト

「やたら気になるコト」とはシンクロニシティですので、それには「何らかの意味がある」と考えてみてください。この「やたら気になる」ということは、「心や意識がひとつになる場所」から合図がきている状態です。

たとえば、「シンクロファイル17『すだち』シンクロニシティ」、「シンクロファイル27『ジュン』という看板」を思い出してみてください。

これらのケースでは「すだちうどん」のポスターや「ジュン」という看板がやたら気になりはじめ、そこから一連のシンクロニシティがはじまっています。

このように「やたら気になるコト」はシンクロニシティであるケースが多いので、注目して解読してみてください。

コツ7 偶然、耳や目に飛び込んできた言葉や光景

街を歩いていて人とすれ違った時に、たまたま聞こえてきた言葉や、たまたま目にした気になるシーンがシンクロニシティとなるケースがあります。

たとえば、私が『もののけ姫』の映画を観に行こうか迷っていた時のことでした。そのとき前から来た人たちとすれ違った時に、その人たちが「もののけ姫がさあ」と話しているのを偶然耳にしました。あまりのタイミングのよさに私は驚きました。

こういった場合もシンクロニシティのケースが多いのです。「シンクロファイル26 部屋探し」のケースでの「俺が推薦する」の文字もそうです。

このほかにも、「映画や雑誌からの言葉」や「街で目にした光景」などもシンクロニシティとなるケースが多いのです。

コツ8 ひらめき、なんとなく頭に浮かぶコト

これまでの実例でお伝えしてきたように、**「なんとなく頭に浮かぶコト」もシンクロニシティ**です。ふと頭に浮かぶことは、「心や意識がひとつになる場所」からの合図なので、そこからシンクロニシティに繋がっていきます。「ひらめき」も同じです。

たとえば「アレをやった方がイイな」というようなことが頭に浮かんだら、ぜひ、それを愛と調和のもとに実行してみてください。

実際、これを実行すると、シンクロニシティがかなり増えます。

コツ9 心のモヤモヤ

心が「モヤモヤ」する時、じつはこれはシンクロニシティから「確実に何かしらメッセージが届いている時」です。

心が「モヤモヤ」すると聞くと、あまりよいイメージを思い浮かべない方もいるかと思いますが、じつはそうでもありません。

実際、「シンクロファイル36 アーハのＣＤ」のように、心の「モヤモヤ」の声に従って行動を改めたことで、「ちょうど欲しかったＣＤ」にたどりつき購入することができました。

「シンクロファイル05『エアロスミス』から問題解決へ」もそうです。心の「モヤモヤ」の声に耳を傾けて髪を切りに行ったことで、新たなシンクロニシティが起こり問題解決に繋がりました。

このように、**心が「モヤモヤ」する時は確実にシンクロニシティからの合図**なのです。

心が何を言っているのかを、文章にして「言語化」してみましょう。

この９つがシンクロニシティの見分けるポイントとなります。

起きた出来事を何もかもシンクロニシティとしてしまいますと大変ですので、この９つのポイントをもとに判別してみてください。

シンクロニシティはある程度時間が経って成果や結果が出てから振り返ると、それが本当にシンクロニシティだったのかどうか判断がつきやすくなります。

SYNCHRO POINT

ときどき振り返って判断してみることが上達のコツ

「あれは確実にシンクロニシティだった」「あれはシンクロニシティではなかったな」と、ときどき振り返り判断してみてください。

振り返った時に、何かしら結果を得ていたら、シンクロニシティだったと判断がつきます。

何も得るものがなかった場合は解読が間違っていた可能性も出てきます。

このように、ときどき振り返って判断してみることで、よりシンクロニシティの見分けが正確にできるようになります。

02

あなたの人生に シンクロニシティを起こす10のコツ

次は、あなたの生活に実際にシンクロニシティを起こす方法を解説していきましょう。

第1章でシンクロニシティに「気づくコツ」というのをお伝えしました。

① シンクロニシティの合図のパターンに詳しくなる
② 「なんとなく」「頭に浮かぶこと」を大切にする
③ 「思いやり」の気持ちを大切にする

④心を落ち着かせ、リラックスさせる
⑤何かに集中し、夢中に努力する時間を過ごす
⑥前向きの思考で愛と調和を心がける
⑦世のため、人のためになることをする
⑧シンクロニシティの「実例」をたくさん知る

この8つのコツをお伝えしましたが、じつは、シンクロニシティを「起こすコツ」というものもあります。ここではそれを解説しましょう。

コツ1 自分の希望に正直になる

シンクロニシティは自分の内面と呼応して起こります。なので、自分が「〜をしたい」「〜が欲しい」といった想いがある時の方が、シンクロニシティが起こりやすいです。

もちろん、エゴからの願いはよろしくないので、愛と調和のもとに正直に「〜をしたい」「〜が欲しい」と願うことが大切です。

先ほどの「心のモヤモヤ」「アーハのCD」のケースからもわかるように、自分の心に正直

に生きることでシンクロニシティが起きました。

もちろん、自分に正直に生きても、そうでなくても、どちらにしてもシンクロニシティは起こりますが、**「愛と調和のもとに心に正直に生きる」方が、「本当の自分」を生きるためのより良い前向きなシンクロニシティが多く起きる傾向にあります。**

愛と調和のもとに「〜をしてみたい」と自分の願いに正直になってみてください。そうすることで、シンクロニシティが起こりやすくなります。

コツ2 愛と調和で自分の希望を本気で願う

あなたのその希望を「本気」で願うことが、シンクロニシティを起こすコツとなります。

シンクロニシティはあなたの内面に呼応して起こりますので、「あなたの内面が本気であれば本気であるほど、その本気度に応えるように」シンクロニシティは起きます。

ただ、やはり自分のエゴから願うのではなく、愛と調和の気持ちから願うことが大切です。

もしも、「その願いを強く願えば願うほど自分や他者が苦しくなる」のであれば、それはエゴからの願いである可能性があります。

たとえば、無理に他者の考え方を変えようとしたり、無理に自分の要求を他者に通そうとしたりするような願いです。

これは、結局うまくいかず、自分も相手も苦しくなります。

一方、「強く願えば願うほど自分も他者も幸せになり楽しく充実した気持ちになる」場合は愛と調和から強く願うことができている可能性が高いわけです。

もちろん願うだけでは、基本的には何も叶いません。強く願った上で、しっかりと理に適った「行動」が必要です。

コツ3 願うよりも、自分の願いを明確に決める

強く願うということが難しいと感じている方におすすめの方法があります。それは、「願うよりも、自分の願いを明確に決める」ということです。

たとえば「京都に行きたい」と「京都に行くと決めた」だと、どちらの想いが強いと思いますか。これはもちろん「京都に行くと決めた」ですよね。

友人との会話でも「京都に行きたいのだよ」と漠然と言えば「へえ〜京都イイね」と漠然と返ってきますが、「京都に行くことに決めたのだよ」と言うと「へえ〜いつ行くの?」「京都のどこへ行くの?」と、より具体的に話が進みます。

このように人との会話であっても、あなたの内面に呼応して、相手の反応も変わってきます。

あなたの想いがより具体的であれば、相手からもより具体的な質問が出てきます。

これはシンクロニシティも同じです。

あなたの想いをより具体的に決めると、それに応じてシンクロニシティもより具体的に起こりはじめます。

願いを具体的に決め、できることから「行動」に移していきましょう。

コツ4 楽しく実行できる範囲で期日を決める

次に、「京都に旅行に行く」と決めるのと、「春に京都に旅行に行く」と、期日を決めるのとではどちらが、シンクロニシティが起こりやすいと思いますか？

また、「今年中に部屋を片付ける」と「今週中に部屋を片付ける」ではどうでしょうか？

「今年中に」なんて言っていると、どんどん先送りにしてしまい、本当に実行するかどうかも怪しい感じです。しかし「今週中に」と期日をより明確にするとで、それに合わせて「行動」も取りやすくなります。

そして、じつは**期日を決めた方がシンクロニシティは起こりやすい**のです。

これは、実際の私の経験ですが、「期日を決めると、その期日に応じてシンクロニシティが起こる」傾向にあります。

期日を決めるポイントは「実行できる範囲で決める」ことです。あまり無理な期日を決めても意味がありません。あなたの感覚で無理なく「実行」できる範囲で期日を決めて「行動」してみてください。

コツ5 一番大切なのは「努力」「行動」

一番大切なのはやはり「努力」「行動」です。

基本的にはシンクロニシティも「努力」「行動」をすることで、人生の出来事が動き出すと考えてください。

もちろん、さほど何もしていなくても「新しいことを何かしてごらん」というシンクロニシティや日常的なシンクロニシティであれば、わりと普通に起きます。

しかし、あなたが愛と調和のもとに「自分のしたいこと」に向けて、「努力」「行動」をしている時にシンクロニシティは最も起こりやすくなります。つまり、**「努力」「行動」することがシンクロニシティを起こす大きなコツ**です。

あなたに「何かしてみたいことがある」場合は、ぜひ、「行動」してみてください。どんなことでも大丈夫です、どんな小さな行動でも、そこから自然と繋がっていきます。

そして、「自分のしたいこと」に対して、思いっきり夢中になり「努力」をしてみてください。

すると、その「努力」に呼応するように、多くのシンクロニシティが起こります。

愛と調和のもとに、「自分のしたいこと」を思いっきり「努力」「行動」する。これがシンクロニシティを起こすコツです。

コツ6 カンタンなコトからステップアップしていく

これはちょっと面白いコツなのですが、「カンタンなコトから行動に移す」のがコツです。

難しいことから「行動」に移そうとすると行き詰まることも多いですが、**無理なくカンタンなコトから「行動」に移しますと、スムーズにシンクロニシティが起こり、自然に一歩一歩と進んでいくことができます。**

「カンタンなこと」から、「ステップアップ」させていくイメージで「行動」してみてください。それがスムーズにシンクロニシティを起こすコツとなります。

コツ7　世のため、人のためにする

自分のしたいことを「世のため、人のためにする」という意識を持つと、シンクロニシティはかなり起こりやすくなります。

これは、世のため、人のためという意識になると、自然にエゴではなく、愛と調和の状態になり「心や意識がひとつになる場所」に近づき、シンクロニシティからの情報をキャッチしやすくなるからです。

また、人は心の深いところでは「誰もがより良い世の中にしたい」と感じていて、「世のため、人のためになること」であれば、惜しみなく協力をする人はたくさんいます。

そのため、あなたが「世のため、人のために何かをしたい」と行動に移す時、第2章の龍村監督とエンヤ氏の時のように、ほかの人が「その想いをキャッチして」必要な情報やモノを届けて協力してくれる、といったことが起こるわけです。

コツ8　本当の自分を生きる

「本当の自分を生きる」という意識を持ってみてください。

意外と「本当の自分」に自分でも気づいていない場合もありますが、しっかりと自分の気持ちと向き合うことで必ず見えてきます。

「本当の自分」があまりわからない場合は、このように考えてみてください。

「本当の自分とは、理想の姿の自分」のことです。

「どんな人になりたいのか」、その理想の姿が、あなたの「本当の自分」だと考えて、そこに向けて努力や行動をしてみてください。

シンクロニシティはあなたの内面に呼応して起こります。

あなたが「本当の自分を生きよう」と意識して「努力」や「行動」をすると、それを可能にするシンクロニシティが確実に起こりはじめます。これは100%起こると断言しておきます。

コツ9 準備をどんどん進める

「シンクロファイル15 グライダーの奇跡」では、最も真剣に準備をしたことで、400年に一度というチャンスに恵まれました。**準備が整うとシンクロニシティは起こります。**

あなたが「本当に絵を描きたい」のであれば、描く時間がなかったとしても、先に画材を準備してしまってください。

この時、お金がかかる場合は「本当に描きたいのかどうか」を慎重に考えた上で行動に移してください。

次に、描く時間がなかったとしても、先に「どんな絵を描くか」決めてしまってください。

次は、その辺にある紙に、思いっきりテキトーでもイイので、「だいたいこんな感じの絵を描こう」と落書きしてみてください。

ここまで準備をしてしまうと、絵を「本当に描きたい人」ならば、もうウズウズして我慢できずに、勝手に時間を見つけて絵を描いてしまっているはずです。

そのあなたの状況や心境に呼応してシンクロニシティが起こり、やりたいことが次々と「頭に思い浮かび」、それを実行していくことで、確実にシンクロニシティの流れが起こります。

コツ10 愛と調和の心で生活する

「強く願うことでシンクロニシティが起こりやすくなりますが、願うだけでは基本的には何も叶いません」とお伝えしました。確かに基本的にはそうです。

しかし、シンクロニシティでは強く願わなくても「ふと想っただけ」で叶ってしまうケースもあります。

これは、「その人に必要な出来事」「じつはすでに準備が整っている」「今まで努力を十分積み重ねていた」「その人が愛と調和の心でいる」といった時には「ふと想っただけ」でも、幸運なシンクロニシティが起きてあっさりと叶ってしまうケースです。

もちろん、これは何でも叶うわけではありません。何かが叶う場合には、「シンクロファイル14『ネイルアート』との出会い」のように、必要な準備など、必要条件を満たしている必要があります。

しかしながら、これははっきりと断言できますが、**愛と調和の心で生活していると、楽しくうれしいシンクロニシティが多く起こります。**ある意味当たり前のことですが、常に愛と調和を意識して生活をしますと、当然、幸運に恵まれます。

ときどき、とても幸運な方がいますが、じつはその人の愛と調和の心がその幸運の秘訣です。「愛と調和」という言葉を意識して生活してみてください。

以上が、シンクロニシティを起こす10のコツとなります。

03 シンクロニシティの解読の方法

それでは、次にシンクロニシティの「解読」の方法についてまとめましょう。

1 自分の状況や心境と照らし合わせて解読する

シンクロニシティの解読は、その出来事が起きた時、「自分のその時の状況や心境と照らし合わせて解読」します。これがシンクロニシティ解読の基本です。

これまで見てきたシンクロニシティの実例でも、「小鴨」を見た時、「自分がどういう状況で何を考えていたのか」が解読のポイントでした。

「555のナンバープレート」「夏目漱石の旧札」「ひざカックンつまずき」「捨てられていたゴミ」「Gという名の生き物」「ハート形」「頭ゴツン！」「映画『シェフ！』」も、そうでした。

シンクロニシティが起きた時には、「自分のその時の状況や心境と照らし合わせて」解読をしてみてください。

2 「語呂合わせ」で解読できるシンクロニシティが多い

ここまで見てきました実例でも「シンクロファイル16『555』のナンバープレート」、「シンクロファイル17『すだち』シンクロニシティ」、「シンクロファイル18『小鴨』シンクロニシティ」など、「語呂合わせ」で解読ができるシンクロニシティは多いので、**何かしら「語呂合わせ」になっていないか、チェックしてみてください。**

3 その出来事やモノの「象徴的な意味」を調べて解読する

「シンクロファイル 29オオルリアゲハ」では、ネットで「オオルリアゲハ」の「象徴的な意味」を調べたことで、「幸せになるチョウ」というメッセージにたどりつきました。

このように、象徴的な意味を調べることで解読ができるシンクロニシティがあります。

たとえば花をいただいた時には、花言葉を調べてみると、そこにシンクロニシティのメッセージがあったりするわけです。

バラならば「愛を大切に」、トルコキキョウならば「希望を大切に」、カエデならば「美しい変化を」といった花言葉をもとに「解読」ができます。

また、ネットで調べなくても「バッタ＝ジャンプ＝引越し」のように、「自分がそのコトに持っている象徴的なイメージ」で「解読」できるケースもあります。

ときどき、ネットで象徴的な意味を調べてみると、ひとつのモノにいろいろな意味があり、真逆の意味がある場合すらあります。そうなりますと、「え？　どれが本当なの？」と困惑してしまうこともあるかと思います。

こういった時も、やはり**「その時のあなたの状況や心境に照らし合わせた上で、あなたの心に一番ピンときた意味」を選んで「解読」してみてください。**

4　エゴではなく愛と調和で解読する

シンクロニシティの解読をする時に、ちょっと注意が必要なのは、「自分のエゴや都合で解読しない」ということです。わかりやすく説明しますと……。

たとえばですが、ここが職場だとします。時間はちょうど昼すぎ。昨夜はドラマＤＶＤに夢中になり夜更かしをしてしまったので仕事中に眠くなってきました。そして、なにげにネットをパッと開くと、「皇帝ネロ」と文字が目に飛び込んできました。

「ハッ！　これはシンクロだ！『ネロ！』すなわち、これは『寝ろ！』だ！」と解読して、仕事中に寝てしまってはいけません。ま、これはあくまで、たとえばですが……。

このケースでは、昨夜、ドラマＤＶＤで夜更かしをしてしまったことで仕事中に眠くなっているわけですから、同じ「寝ろ」であっても「今夜は夜更かしせずに寝なさい」と解読することもできます。もちろん、こちらが正解でしょう。

もちろん、営業車で外回りをしているときに「ネロ」がきた場合は、眠いのであれば、同じ仕事中であっても「寝ろ」と解読する場合もあります。その場合は眠いのを我慢して運転を続けるのではなく、安全のために車を停めて仮眠をとる「寝ろ」が正解となるわけです。

それを、「早く仕事を済ませたい」というエゴ的な理由で、仮眠をとらないのはよろしくありません。

このように、**シンクロニシティは「自分のエゴや都合でなく、愛と調和で解読する」ことが大切**です。

5　シンクロニシティの解読の方向性

解読の方向性を知っておくことで、正しく解読ができるようになります。

シンクロニシティのメッセージは「自分が何かをサボる方向性」ではなく**「自分がより成長し向上できる方向性」で考えると、うまく解読ができるようになります。**

そのメッセージを実行することで、自分が成長できる場合は、正しく解読ができています。

また、「愛と調和」ということも意識して解読してください。「愛と調和」「自分がより成長し向上できる方向性」、この2点を心がけて解読すれば、うまく解読ができるようになります。

6　シンクロニシティの解読を上達させるには？

シンクロニシティの解読を上達させるには、**「間違ってもイイので、とにかく自分なりにどんどん解読してみる」ことが大切**です。

いろいろなシンクロニシティを解読して実行していくうちに、だんだんと正しく解読ができるようになってきます。

かりにシンクロニシティの解読を間違えても、それを実際の行動に移さなければ何も問題はありません。たとえば、先ほどの「ネロ」のケースでも、「仕事中に『寝ろ』かな？」と解読をしたとしても、それを行動に移さなければ問題にはなりません。

なので「まさか、仕事中に『寝ろ』ってことはないだろうな」と思いつつも、一応解読をしてみることが大切なのです。このケースでは正しくは「今夜は家で早く『寝ましょう』」というメッセージですので、「寝ろ」というところまでは解読に成功しているわけです。

そして、「寝ろ」まで解読できたら、判断基準の「自分がサボる方向性ではなく」「自分がより向上できる方向性」でもう一度解読をしてみるわけです。

すると、「仕事中に寝ろではない」と判断ができます。そうしたら、「自分がより向上できる方向性」で「寝る」とは、どういうことか？　と発想してみてください。

そして、ココで「あなたのその時の状況や心境」と照らし合わせるのです。

すると、「昨夜のＤＶＤドラマでの夜更かし」という状況と照らし合わせますと、「仕事中に眠くならないように、夜更かしせずに『寝ろ』だな」と、ここに行き着くわけです。

① 間違えてもイイので、一度自分なりに「解読」してみる

↓

② 「ネロ」→「寝ろ」かな？

↓

③ 「仕事中に『寝ろ』？　何かヘンだな……」

↓

④「サボる方向性ではなく」「自分が向上する方向性」かどうか確認する
←⑤「サボる方向性は間違いだから……仕事中に『寝ろ』ではないな……」
←⑥「自分の状況と照らし合わせ、自分が向上する方向性で解読し直す」
←⑦「仕事のために、今夜は早く寝ましょう」と解読する

この手順で解読すると、より正しく解読ができるようになってきます。
これがシンクロニシティの解読上達のコツです。

7 シンクロニシティの解読を「経験」から学んでいく

私の場合もそうでしたが、やはり自分で「解読」してみる、そして「行動」してみる。これを繰り返すうちに自然と「経験」から解読がうまくできるようになります。

シンクロニシティの「解読」をしてみて「思い当たるコト」や「気になるコト」が思い浮か

んだ場合は、愛と調和で行動してみてください。

仮に、行動してみた結果「ちょっと解読が違ったかな」と感じたとしても、その感覚がデータとなり今後の解読に必ず役立ちます。

「自分が向上する方向性」で「解読」して行動すれば、必ずあなたが向上して得るものがあります。

ぜひ、**シンクロニシティを、どんどん「解読」して「行動」に移して「経験値」を上げてみてください。**そうすることで、必ず解読も上達します。

8 同じシンクロニシティでも状況や心境で意味は違う

シンクロニシティの解読方法は「その時の状況」や「その人の心境」によって変わってきます。

つまり、**同じシンクロニシティが起きたとしても、その人の「状況や心境」によってその「意味」が違ってきます。**

「シンクロファイル 33ハート形」の実例がそのケースでしたが、より理解を深めるために、もうひとつの解読の仕方の例をお伝えしておきます。

たとえば「蹴る」というシンクロニシティが多発したとします。

就職活動中のAさんに「蹴る」というシンクロニシティが多発した場合、とある企業の内定を「蹴る」、つまり「その会社の内定を辞退する」という意味かもしれません。

しかし、空手家のBさんに「蹴る」というシンクロニシティが多発した場合は、『蹴り』を中心に練習した方がイイよ」というメッセージかもしれません。

そして、人間関係で悩むCさんに「蹴る」というシンクロニシティが多発した場合は、その人間関係に「けりをつける」という意味なのかもしれません。

このように、たとえ「蹴る」という同じシンクロニシティが多発したとしても、そのシンクロニシティを体験した「その時の状況」や「その人の状況や心境」で「解読」から導き出されるメッセージの内容はそれぞれ違うわけです。

9 シンクロニシティの解読は本人にしかわからない

本当の意味では「シンクロニシティの解読は他者からはわかりません」ので**「シンクロニシティの解読は自分自身ですることが基本」**となります。

ときどき、他者のシンクロニシティの解読をしてみる人もいますが、それは解読の勉強のためには、とてもよいことかと思います。他者に起こったシンクロニシティの解読を、どんどん自分も推理してみてください。そうすることで、解読は上達していきます。

しかしながら、

「本当の正解は本人にしか判断がつかない」

ということは知っておいてください。

もちろん「555」→「Go! Go! Go!」→「行きなさい！行きなさい！行きなさい！」のように誰から見ても正解がわかりやすいケースもあります。

しかし、シンクロニシティは「その人、本人の状況や心境」に呼応して起こります。ですから、その人の状況や心境を熟知していない限り、「基本的にはシンクロニシティの解読の意味は本人にしかわからない」わけなのです。

他者に解読を頼るのはやめておきましょう。他者に頼るとどんどん自分の判断力は失われていきます。

自分に起きたシンクロニシティを自分で解読してみてください。解読すればするだけ必ず上達していきます。ご安心ください。

10 シンクロニシティの解読ができない時のコツ

シンクロニシティが起きても、なかなか「解読」できない場合もあるかと思います。そういった場合には、焦らず「いったん泳がす（そのまま待つ）」保留のつもりでいてください。そうしていますと、その出来事に関連した「解読のヒント」となるシンクロニシティが起こります。そうしたら、その都度「解読」をしてみてください。

ジグソーパズルと同じで、まだパズルのピースが少ない時点だと、解読がしづらい時があります。

しかし、しっかりとパズルのピースが集まれば全体の絵が見えてくるのと同じように、「解読のヒント」が増えれば、シンクロニシティの解読の「答え」も見えてきます。

解読ができない時は、いったん保留にして、「何かないかな？」と周囲にヒントを探してみてください。

11 シンクロニシティの解読までの期間

シンクロニシティの解読ができるまでの期間には3パターンあります。

① すぐに解読できる
② 数日後、数ヶ月後に解読ができる
③ かなり後に解読ができる

「シンクロファイル16『555』のナンバープレート」、「シンクロファイル18『小鴨』シンクロニシティ」は、その出来事が起こってすぐに解読ができました。

しかし、「シンクロファイル17『すだち』シンクロニシティ」、「シンクロファイル26 部屋探し」、「シンクロファイル27『ジュン』という看板」のケースでは解読ができるまでに、ある程度日数が必要でした。

基本的にはこの2パターンです。ただし、**成就するまでに時間がかかる出来事の場合は、シンクロニシティの意味がわかるまでに、それ相当の時間がかかる場合もあります。**

たとえば、「シンクロファイル14『ネイルアート』との出会い」のように、アメリカへ行き、語学を身につけてからネイルアートの学校と出会うといったように、かなり後になって意味がわかるといったケースもあるわけです。

12 シンクロニシティの意味になかなかたどりつけない時

もうひとつ別の意味で「解読」に時間がかかるケースがあります。

それは、**「頭に浮かんでいるコト」をなかなか実行に移さなかった時とか、「すべきことをサボってしまっている」時には、「解読」にたどりつけなくなります。**

たとえば、すべきことをサボってしまいますと、本来ならば一ヶ月くらいで解読可能だったコトでも、半年後にやっと解読ができたなんてことにもなります。

もしもシンクロニシティが多発しているのに、「なかなか次の展開が訪れない」「なかなか解読ができない」といった場合には、自分が「すべき行動をしていない」とか「何かをサボってしまっている」といったところをチェックしてみてください。

そして、それを行動に移すことで、シンクロニシティの「解読」にたどりつき、物事がスムーズに流れはじめます。

04 シンクロニシティのメッセージを行動に移すときの注意点

シンクロニシティを実際に行動に移す時の注意点をお伝えしましょう。

CASE 01 「お金がかかる」「人に会う」場合

シンクロニシティを実際に行動に移す時にちょっと注意が必要なケースがあります。それは、「お金がかかる」「人に会う」といったケースです。

ときどき、「シンクロニシティかと思って高額商品を買ってしまった」「実際に人に会ってみたら自分の望まないセールスなどの勧誘だった」という話を耳にします。

シンクロニシティの解読を読み間違えて、そのまま行動してしまうと、このように自分が望んでいない結果になるケースもあります。

ただ、**実際に問題になってくるのは「お金がかかる」と「人に会う」ケースくらい**ですので、このふたつだけはしっかりと考えた上で行動してみてください。

「お金がかかること」でシンクロニシティのメッセージに従う場合は、どういう点に注意するとよいかといいますと、そのモノを買う動機が正しいかを考えてみてください。

「シンクロニシティが起きたから買う」というのは、やはり失敗しやすいです。

やはり「そのモノが本当に必要だから」といったところで判断してみてください。「そのモノが本当に欲しいから」という場合は「どうして欲しいのか考えてみてください」。

本当に必要なモノであれば、購入しても後悔することはないはずです。

また、特定の異性との間でときどきシンクロニシティが起こると、その相手の方が「運命の人」なのかなと考えてしまうこともあるかと思います。

恋愛に関しましては、やはり期待度が大きくなってしまいますので、失敗するケースも出てきます。冷静に判断するように心がけてください。

もちろん、本当の運命の相手との間で、とてもステキなシンクロニシティが起こるケースもあります。

「運命の相手」の実例は、第5章でご紹介します。

CASE 02

周囲に反対する人がいる場合

もしも、あなたがシンクロニシティからのメッセージを行動に移そうとした時に、ご家族や周囲の方々の同意や理解が得られない場合は、いったん冷静にその行動や自分の姿勢を見直してみてください。

そういったケースでは、その行動を「やめておく」「やり方を変えてみる」など、何らかの対処が必要なケースが多いです。

シンクロニシティの流れにうまく乗っている時は、すべての人、モノ、タイミングが絶妙に整います。なので、本来はスムーズに無理することなくうまくいくわけです。

それなのに、**反対者が出るということは、少しやり方や意識を変える必要があります。**ただし、周囲に反対されても、じつは「少しやり方や意識を変えるだけ」で、うまくいくこともあります。

これは私の学生時代の話ですが、私の高校ではバンドをはじめると「不良」だと言われました。教師からはバンドをしていますと白い眼で見られかねません。

しかし、私はわりと真面目な性格で生徒会の役員でした。そして私以外のメンバーはみな成績優秀でしたので、バンド活動をさほど咎《とが》められることもありませんでした。

バンドをやる、そして学校の規則には従わないとなると、周囲は反対するでしょう。しかし、節度をもって守るべき校則は守り、日頃の生活態度もよく、真面目にバンドをやるのであれば反対する声もさほど出ないわけです。それどころか「演奏楽しみにしているよ」と、応援してくれる先生までいました。

ときどき、「やりたいことがあるのですが、周囲の同意を得られません」という声を聞きますが、実際よくよく事情を聞いてみますと、「かなり強引にコトを運ぼうとしていたり」「度が過ぎていたり」「やるべきことをそっちのけ」にしてしまっている場合が多いようです。

周囲の同意を得られない場合には、いったん立ち止まって、「周囲への思いやりをもって、自分のやり方や意識を改善」してみてください。

CASE 03 周囲に反対されるだろうから、こっそりやってしまう場合

また、「周囲に言うと反対されるだろうから、こっそりやってしまう」という人もいますが、

これもおすすめできません。

もちろん、自分の趣味の範囲のことや自分自身で全責任を持てることであればイイのですが、ご家族や関係者の方がいる場合はきっちりと話し合ってから行動に移した方がイイです。

なぜかと言いますと、先ほど解説しましたようにご家族や関係者の方に話すことでもし反対された場合、それは「やり方や意識を少し変えるとイイですよ」というメッセージでした。

そして、やり方や意識を変えれば正しいやり方で実行できます。つまり、**人に話して反対してもらった方が、結果的には「正しい『流れ』に乗ることができる」**わけです。

しかし、話すべき人に話さずにこっそりやってしまった場合、もしそれが間違ったやり方だった場合は、その間違ったまま実行してしまうことになります。

すると、「結局、うまくいかない」「振り出しに戻される」「新たな問題が発生する」といった状況になる可能性があります。

シンクロニシティを行動に移す時は、ご家族や関係者の方がいる場合にはしっかりと話し合ってから行動に移すのがコツなのです。「正直が最善の策」です。

もし、ご家族や恋人や関係者の方に話して問題が発生するようなコトであれば、シンクロニシティの解読を間違えているのかもしれません。

その場合は、もう一度「愛と調和で自分が向上できる方向性で解読できているか」を確認してみてください。

本当のシンクロニシティの流れであれば、誰かを傷つけることもなく、愛と調和のもとで実行が可能ですので、そこで判断するのがコツとなります。

CASE 04

周囲の同意を得たい場合

ただ、周囲の同意が得られないからといって、やりたいコトがあるのに「やめておきましょう」というわけではありません。

周囲の同意を得られない場合は、なるべく関係する方々と話し合って、やり方を変えてみるなど、工夫して実行してみてください。その機会にとことん話し合ってみるのもよいかと思います。

せっかくやりたいコトができたのであれば、それは「あなたにとってとても大切なコト」なのかもしれません。

しかしそれが、**あなたの「エゴからのやりたいコト」であれば、それは『あきらめた方がよい』**と思います。エゴで行動しますと、それに呼応した出来事が起こるからです。

しかし、それが「愛と調和からのやりたいコト」であれば、その気持ちを大切にしてください。

これは本当にケース・バイ・ケースですが、あなたのやりたいコトを反対する方がいる場合は主にふたつのケースがあります。

①　ケースA　相手は本当にあなたのことを考えて反対してくれている
②　ケースB　相手のエゴや不安から反対している

もしもケースAの場合はしっかりと耳を傾けて、あなたの意識ややり方を変えた方がイイかと思います。

しかし、ケースBの場合は、しっかり相手と話し合うことは大切ですが、ご自分の気持ちも大切にした方がイイかと思います。

では、ケースBの場合は反対を押し切って強引に実行した方がイイかと言いますと、そうではありません。ケースBでは、相手が不安から反対している場合もありますので、その場合は相手の方を安心させてあげる思いやりが必要となります。

たとえば、「新しいことをはじめると本業がお留守になる」という不安から家族が反対するような場合には、「しっかりと本業をすること」で家族は不安を感じなくなり、反対することもなくなるわけです。

その意味でも、**反対者がいる場合は、「正しい行い」をするようにしてください。**

シンクロニシティは自然な流れが起こります。これまでの私の経験からお伝えしますと、相手のエゴで反対されている場合には、自分は「正しい行い」をすることが、じつは大切な鍵となります。

そうしますと、不思議なことに何かしらシンクロニシティが起きて助けてくれました。

実際、このようなことがありました。

私が中学生の時の話です。当時、私はハンドボール部に入部したのですが、実際に入部してみると、自分が入るべき部活を完全に選び間違えたことに気づきました。

本当は剣道がやりたかったのです。そこでまずはハンドボール部の顧問にしっかりと「部活を変わりたい」と話しました。顧問は学年主任をしていて体裁を気にする頑固なタイプでしたので、猛反対をすることは予想していました。そして、予想どおりの猛反対をして、「ハンドボールが続かないのに剣道ができるわけがない」と言うのです。

私はその理屈に納得がいきませんでしたので、しっかりと自分の意見を伝えました。しかし、顧問は「運動部は無理だから、書道部へ入れ」と言いました。冗談ではありません。剣道をやりたいというのに、無理やり書道部に入れようとするのです。しかし、私はしっかりと自分の意見を伝え続けていました。

すると、ここで不思議なことが起こりました。誰もいなかった職員室に、なんと！ ひょっこり剣道部の顧問が現れたのです！ これは今考えても不思議なタイミングでした。ハンドボール部の顧問が「この生徒が剣道部に変わりたいと言って困っている」と言うと、なぜか剣道部の顧問は「あい！ わかった！」とだけ大きな声で言って、なんと、詳しい話も聞かずに、あっさりと私の入部を認めてくれたのでした。

そして、翌日から、晴れて私は剣道部の部員となることができました。半年、遅れて剣道部に入ったのですが、3年生の最後の大会にはレギュラーになっていました。

そして、今も剣士として剣道を続けています。

と、このようなケースもあるわけです。

私はハンドボール部の顧問に「剣道部に変わりたい」と話せば猛反対することも、頑固なタイプの顧問を説得するのは難しいこともわかっていました。中学生男子にとっては、このような教師と話をすることは、「面倒」の一言に尽きます。

この顧問の「書道部に入れ」という言葉からも、これは「ケースB　相手のエゴや不安から反対している」ことがわかります。

しかし、私はしっかりと自分の意見を伝えるという「正しい行動」を貫いていました。この「正しい行動」に呼応してシンクロニシティは起こります。

私の「剣道部に変わりたいという真剣な想い」を、剣道部の顧問が心の深いところでキャッチして、職員室に来て入部を認めてくれたわけです。

そして、一瞬にしてすべてが丸く収まりました。

また、別のケースでは、高校の時、生徒会の役員として私がリーダーとなり有志でチームを作り、学祭で「バンド演奏会」を企画しました。しかし、その企画は校長をはじめ一部の教師たちからの猛反対を受け、却下されてしまいました。

先述のように、私の通う高校では「バンドは不良のするもの」といった風潮がありましたので、学校で「バンド演奏会」を開くことは至難の業でした。

しかし、最終的には教師全員の同意を得ることができ、企画も成功しました。

ある意味これは、奇跡的だったと思いますが、このケースでは私はどうしたかと言いますと、とにかく「正しいこと」をしました。

まず、企画の内容も「反対する先生方の気持ちも考えて練り直し」、授業や生活態度をよくするなど「自分たちの在り方も正し」ました。「誰も見ていないところでの、日頃の行いまで正して」みました。

そのようにしていたら、不思議と理解をしてくれる先生たちが増えてきて、助けてくれる先生までも出てきました。そして最終的には、校長をはじめ教師全員の同意を得て企画を実行することができました。

こういったケースがあることは、ぜひ知っておいてください。

「自分を正す」「正しい行い」を徹底的に行動しますと、なぜか不思議とシンクロニシティが起きて助けられます。

正しい心で行動すると、それに呼応して正しい出来事が起こるわけです。

ときどき、相手の同意を得ようとして媚《こ》びる人がいますが、周囲の同意を得られないからといって、そうする必要はありませんし、反対者に腹を立てる必要もありません。

大切なのは「自分を正す」ことです。とにかく自分を正してみてください。自分の心を正して、正しい行いをしてみてください。すると必ずその心に呼応したシンクロニシティが起こり、物事がスムーズに進むようになります。

周囲の同意を得たい時には「正しい行いに徹する」ことが最大の秘訣です。

05

シンクロニシティの流れに乗ると人生が加速する

シンクロニシティには、「流れ」があります。

この「流れ」に乗るとシンクロニシティが起こり、物事が次々とスムーズに展開しはじめます。人生が加速し、心の底から楽しいと感じる充実した日々を送ることになります。

私も人生で何度かこの「流れ」に乗ったことがありますが、これは「人生はこれほどまでに楽しく充実したものなのか」と感じる不思議な体験です。

シンクロニシティの「流れ」による加速とは、無理なくとても自然でスムーズな加速なので、行動し続けていてもほとんど疲れることもなく、むしろ活き活きと活動的に動けるようになります。この不思議な「流れ」を体験することは、人生の醍醐味とも言えます。

それでは、シンクロニシティの「流れ」に乗る方法をお伝えしていきましょう。

「やりたいコト」をたどっていく

シンクロニシティの流れに乗るには、基本的には、**とにかく愛と調和で「自分のやりたいコト」「ふと頭に浮かんだコト」を行動に移すだけ**です。

そのように行動すると、自然と「次にやりたいコト」が見えてきます。そしてその「次にやりたいコト」を実行していきますと、また「その次にやりたいコト」が順々に見えてくるのです。これを実行しているうちに自然とシンクロニシティの流れに乗ります。

この流れに乗りますと、さらに自然と「やりたいコト」「やるべきコト」が「ふと頭に浮かぶ」ようになります。それらをひとつひとつ行動に移していくわけです。

そのようにして、愛と調和のもとに「やりたいコト」をたどっていくことが、シンクロニシティの「流れ」に乗る方法です。

「頭に浮かんだコト」は先送りにせず、即行動する

シンクロニシティの流れに乗るためには、**「頭に浮かんだコト」は先送りにせずに、即行動**

することが大切です。

「頭に浮かぶというコト」とは、「心や意識がひとつになる場所」からの合図です。そして、その合図を受けとってから、できる限り最速で行動するのがベストです。

もちろん相手のあるケースでは、「相手のペースにお任せする」ことが大切ですが、あなた自身のコトに関しましては、即行動を実行してみてください。

先送りにせずに即行動しますと、最短で物事が動き出します。これはかなり効果のある方法です。人生の流れが大きく加速します。

「ま、後でイイや」とせずに、「どんな小さなことであっても」即実行することを習慣としてみてください。すると、自分でも驚くほどのスピードでどんどんと人生が展開しはじめます。

もちろん行動する時には、愛と調和のもとに行動することが大切です。「あなたが無理なくできる範囲」での即行動で大丈夫です。

「頭に浮かんだコトは即行動」。これがシンクロニシティの流れに乗る方法です。

シンクロニシティの流れが停まった、と感じたら

行動をしている時に、「シンクロニシティの流れが、なんだか停まってしまった」と感じる

こともあるかと思いますが、それも理由があって起きていますのでご安心ください。

シンクロニシティの流れが停まったと感じる理由は主に5つあります。

1 愛と調和の行動からズレてしまった時

「愛と調和の行動からズレてしまった時」にシンクロニシティの流れが、いったん停まったと感じることがあります。しかし、実際にはすべてが停まるわけではありません。

このような場合には、「愛と調和からズレている」ことを知らせる別のシンクロニシティが起こります。

「シンクロファイル28 Gという名の生き物」、「シンクロファイル35 頭ゴツン！」などがその例です。見たくない生物を見たり、イタイ系のシンクロニシティが起こり、「愛と調和からズレている」ことを知らせてくれます。

そのほかにも、「なんだかうまく進まないな……」と感じる出来事が起きたりもします。

しかし、そのように感じたのであれば大丈夫です。そこで、**いったん停止して「愛と調和を選択」し直して、自分の「考え方と行動を正しく変えて」みてください。**

そうすれば、再びシンクロニシティの流れに戻れます。

2 休憩をした方がよい時

愛と調和からズレたわけではないのに、シンクロニシティの流れが停まったと感じることがあります。それは、「休憩した方がよい時」です。

疲れをとり、気分をリフレッシュさせるためにも休憩は大切です。**疲れた時には、しっかり休憩をとった方が物事はスムーズに進むことが多いもの**です。

シンクロニシティの流れが停まり、リフレッシュが必要だなと感じた時は、思いっきりリラックスして休憩をとるようにしてください。

そうしますと、再びシンクロニシティの流れに乗れます。

3 次の段階へ進む時がきていることに気づかない時

シンクロニシティの流れに乗っていても、ちょっとした「方向転換」が必要な時があります。

これはどういうことかというと、**自分の希望に向けてシンクロニシティを行動に移していると、成長のために「次の段階へ進まなくてはならない」場合があるということです。**

そのことに気づかずに「今いる段階に居座ってしまう」と、流れが停まったように感じます。

「シンクロファイル14『ネイルアート』との出会い」を思い出してください。

はじめにAさんは英語を勉強したくてアメリカの語学学校へ行きましたが、その「次の段階」で本来の目的であるネイルアートの学校と出会いました。

つまり「語学学校」→「ネイルアートの学校」とこれが正しい流れだったわけです。

ところが、もし仮にAさんがすでに「ネイルアート」の学校へ進む「次の段階にきている」のに、いつまでも語学学校に居座ってしまうと、「あれ？　流れが停まったかな？」と、感じてしまうわけです。

また、恋愛においても大切な新しい出会いが目の前にきていても、過去に執着しすぎてしまっていると、次の段階へ踏み出せません。

すると、せっかく目の前にきている素晴らしい出会いのチャンスにも気づけずに「流れが停まってしまっている」と感じてしまう場合もあります。

また、仕事で独立して起業したいと考えていて、すでにしっかり準備も整って「次の段階へ入る」ところにきているとします。しかし、なかなか会社に言い出せず、会社を辞められないといった場合にも「流れが停まってしまっている」と感じてしまうわけです。この場合では、会社を辞めることで、独立起業の流れが動き出します。

このように「次の段階へ進む時」がきたのに、「今いる段階に留まろうとする」とシンクロニシティの流れが停まったように感じられます。

「なんだか流れが停まってしまったな」と感じた場合は、「そろそろ次の段階へ進む時なのかな？」という視点で自分の進路をチェックしてみてください。

そして、新たな方向性で進むために「心を整理」し「次の段階」へ向けて動き出せば大丈夫です。そうしますと、再びシンクロニシティの流れが動き出します。

4 まだ、実行していないことがある時

「何かをサボっている」「まだ実行していないことがある」時も、シンクロニシティの流れがいったん停まったと感じる場合があります。じつは、これはちょっと本人が気づきづらいケースです。

人は「自分がちょっと苦手だなと感じるコトだと、無意識にそれをするのを避けてしまう」場合があります。そして、それを実行していないと、次の段階へは進めませんので、この場合も流れが停まったと感じます。

「ネイルアート」のケースでも、まずは英語をマスターしないと、次の段階へは進めません。

このように、次の段階に進むための必要条件をクリアしないと人生の流れがスムーズに展開されなくなってしまうわけです。

シンクロニシティの流れが停まっていると感じた場合は、「まだ、実行できてないことはないか」「クリアしていない問題はないか」確認してみてください。

それを実行に移すと、再びシンクロニシティの流れが戻ってきます。

5 どこかに無理がある時

シンクロニシティの流れは、とても自然な流れです。基本的には無理なことが要求されることはさほどありません。

流れが停まってしまったと感じた時には、どこかに「無理がないか」チェックしてみてください。そして、もしどこかに無理があったら「無理のないやり方」に変えて行動してみてください。そうすることで、シンクロニシティの流れに戻ることができます。

どんな状況からも、軌道修正をすることで、シンクロニシティの流れには戻れます。

以上の5つの項目をチェックして、意識や行動の方向性や内容をちょっと工夫して変えてみることで、シンクロニシティの流れに必ず戻ることができます。ご安心ください。

次に、シンクロニシティの流れに関する、そのほかの大切な情報をお伝えします。

心のモヤモヤは人生の正しい流れを知らせてくれている

シンクロニシティは自分の内面に呼応して起きますので、心の「モヤモヤ」が常によくないコトとは限りません。

心の「モヤモヤ」とは、「自分が頭で考えているコト」と「心が感じているコト」が一致していない時にそうなるだけです。

「シンクロファイル36 アーハのCD」のように、心の「モヤモヤ」がよいメッセージである場合もありますので、安心して「心のモヤモヤ」と向き合ってみてください。

ただ、自分の心に「後ろ向き」なことがある時の「モヤモヤ」は、「何かしら『生き方』や『行動』を正しましょう」というメッセージになることが多いです。

たとえば、友人とケンカをして、いつまでも腹を立てていると、だんだん心が「モヤモヤ」してきます。そして、その心の「モヤモヤ」に耳を傾けると、「謝った方がよい」ということが頭に浮かんだとします。

その場合も、その心の声に従って行動に移してください。そうすることで、心がスッキリして、あなたの人生により良いシンクロニシティが起こりやすい状態になります。

いずれにしましても、

SYNCHRO POINT

心が「モヤモヤ」する時とは、「進むべき道を修正する時」です

心の声にしっかり耳を傾けて、行動を修正してみてください。

この心が「モヤモヤ」する時は「かなり大切なメッセージが届いている時」なので、行動を正しく改めると必ず「良い流れ」を感じることができます。

つまり、**「心のモヤモヤ」が、「人生の正しい流れに乗るために、軌道修正をしましょう」と知らせてくれている**わけです。

また、逆に心が「スッキリ」「充実」「穏やか」といった場合は、あなたが「人生の正しい方向に向かっている」ということになります。

準備が整えば、必ず扉は開く

チャンスを逃した、目の前の扉が閉まった、と感じる出来事が起こると、ちょっと不安を感じることもあるかと思います。

しかし、あなたに本当に準備が整っているのであれば、チャンスはまたやってきますし、目の前の扉が閉まったとしても、必ず別の扉が開きますので、ご安心ください。

大切なのは**「準備が整っているかどうか」**です。

「シンクロファイル15 グライダーの奇跡」では、準備を整えたところ、400年に一度という確率の奇跡も起こりました。「シンクロファイル24 F1レーサーのピンチ」、「シンクロファイル25 いきなりの解雇」では、ひとつの扉が閉まった時に、別の扉が開きました。

ですので、目の前の扉が閉まったと感じた時には、いったん「自分は何を望んでいるのか」「自分の進むべき方向性」をしっかり考えて、必要な準備を進めてみてください。

そして、「心の整理」「必要な準備」ができましたら、新たな行動を起こしてみてください。

シンクロニシティは自分の内面に呼応して起こります。

シンクロニシティの視点では、**あなたが準備を整え、望むのであれば、ひとつの扉が閉まっ**

ても必ず別の必要な扉が開くわけです。

06

シンクロニシティで夢や目標を叶える

これまでのシンクロニシティの実例からもわかりますように、シンクロニシティの流れに乗ると、自然と必要としている「出会い」「モノ」「情報」などが届けられます。

ふと想ったことが、不思議な経路で実現するようなことも起こります。

しかし、すべてがそのように起こるのではなく、とくに「夢や目標を叶える」といったケースでは、ちょっとした心構えが必要となります。

それでは、シンクロニシティを使って、夢や目標を叶えるコツをお伝えしましょう。

シンクロニシティで夢や目標が叶うふたつのケース

「シンクロファイル08　まさかの『煮たまご』チケット」のように、さほど「何もしなくても」

幸運に恵まれ、願いが叶うことがあります。

ところが、「シンクロファイル26 部屋探し」のように、「最大限の努力」をしている中でシンクロニシティが起こり、願いが叶うといったケースもあります。

ケースA　さほど何もせずにシンクロニシティであっさり叶う
ケースB　最大限努力しているとシンクロニシティが起こり叶う

つまり、このふたつのケースがあるわけです。

あまりにもラッキーで不思議で奇跡的なシンクロニシティを体験してしまいますと、願いがカンタンに叶うと錯覚してしまい、まるでシンクロニシティが奇跡を叶える魔法のように感じるかもしれません。しかし、シンクロニシティは夢を叶える魔法ではありません。

さほど何もせずに叶うのは「煮たまご」のような小さな願いだけです。

大きな願いは「努力」なしに叶うことは、絶対にありません。

もちろん、シンクロニシティには不思議な要素もあるのですが、**本当に大切なことは「努力」「行動」です。努力の結果、叶えた夢や願いには大きな感動があります。**

「努力」あってのシンクロニシティだと考えてください

夢や願いを叶えるケースでは、一所懸命に「努力」をしていると、そこに背中を後押ししてくれるように奇跡的なシンクロニシティが起こります。

また、願いが叶うシンクロニシティには「難易度」があります。

先ほどの「煮たまご」のサービス券と「希望どおりの部屋探し」では、どちらの難易度が高いでしょうか？

私の部屋探しは条件がかなり多かったので、明らかに「部屋探し」の難易度の方が高いです。ですから、「部屋探し」のシンクロニシティが起こった時は、私が最大限に努力をした後のことでした。

一方、「煮たまご」シンクロニシティは「部屋探し」と比べますと、難易度が高くないので、あっさりと叶ってしまいました。比較的あっさり叶う願いというのは難易度が低く日常的な小さな願いのケースが多いわけです。

つまり、**シンクロニシティであっても難易度が高い願いを叶える時には、「それ相応の努力と行動」が必要となる**わけです。

夢や目標達成を叶えるには「努力」が一番大切です。そして、「努力」こそがシンクロニシティを起こして夢や目標を叶える最大のコツなのです。

実際、「シンクロファイル01 まさかの経路で『連絡先』が届く」、「シンクロファイル02 龍村仁氏の『エンヤ氏』との出会い」、「シンクロファイル06 夢の中で『答え』をささやかれた」といった難易度の高いケースは、どれも「最大限の努力」をしている時に起きた驚愕レベルのシンクロニシティです。

「最大限の努力」をしているところに奇跡的なシンクロニシティが起こるわけです。

シンクロニシティで「疑問」に対する「ヒント」「答え」が届く

夢や願いを叶える上で、「情報」「ヒント」「答え」が必要になることがあるかと思います。

「シンクロファイル05『エアロスミス』から問題解決へ」、「シンクロファイル06 夢の中で『答え』をささやかれた」、「シンクロファイル13『広島焼き』シンクロニシティ」、「シンクロファイル23 捨てられていたゴミ」、「シンクロファイル34 本が倒れる」といったように、「疑問」に対する「ヒント」や「答え」が届けられるケースはかなり多いです。

また、「シンクロファイル33 ハート形」のように問題解決の方法なども届けられます。

このタイプのシンクロニシティを起こすには、ちょっとしたコツがあります。

それは、

SYNCHRO POINT

問題を絶対に「解決したい」という前向きな気持ちをしっかり持つ

と、いうことです。

シンクロニシティは内面に呼応して起こるので、たとえば、内面が「ああ、めんどうくさい問題だな」という後ろ向きの気持ちですと、問題解決のためのシンクロは起こりづらくなります。

そして、「前向きに問題に取り組みましょう」という意味の「シンクロファイル35 頭ゴツン！」のような〈イタイ系シンクロニシティ〉が起きてしまいます。

ところが、内面が「絶対に問題を解決したい！」という前向きな気持ちになりますと、その気持ちに呼応して問題解決のためのシンクロニシティが起こりやすくなるのです。


問題と前向きに向き合い絶対に解決すると決心すると、シンクロニシティから「答え」や「ヒント」を受け取りやすくなります。

相手や仲間と夢や目標を叶える場合は、気持ちの一致が大切

たとえば、結婚やお付き合いや仕事のように、相手や仲間を必要とする夢や目標を叶えるケースでは「お互いの気持ちが同じかどうか」がポイントとなります。その願いが「一方的な願いなのか」「お互いに一致した願いなのか」を確認してみてください。

たとえば、お互いにお付き合いしたい、結婚したいという気持ちになりますと、シンクロニシティの流れが加速します。

しかし、一方的な気持ちの場合は、願いが叶うことはありません。

また、チームで仕事をする時も、すべてのメンバーの気持ちが一致している時に、最大限にシンクロニシティが起こります。メンバー全員の気持ちが一致し、ひとつの目的に向かって全員がその力を発揮することで、驚くようなシンクロニシティが起こり、企画もスムーズに進みます。

相手や仲間のある夢や目標を叶えるケースでは、「お互いの気持ちを一致させる」ことが、シンクロニシティを最大限に起こすコツとなります。

どういう夢や願いが叶いやすいのか

ここまでお伝えしてきたシンクロニシティの実例からもわかるように、

① 自分自身を向上させる方向性の夢や願い
② 社会をより良くする方向性の夢や願い

このふたつのタイプの夢や願いだとシンクロニシティが起こり、叶いやすくなります。

この方向性の意識で行動しますと、「心や意識がひとつになる場所」に近づきます。ぜひ、この意識で行動してみてください。

自分自身の個人的な願いであっても「社会をより良くする」ことと繋げることはできます。

たとえば、天職や幸せな結婚をしたいといった個人的な願いでも、「天職に就いてより良い社会に貢献していきたい」「幸せな結婚をすることで、この世に幸福を増やしたい」といった意識で願うと良いわけです。

自分を向上させ、社会を良くする意識を大切にしてみてください。

本気でより良い社会にしたいと願う

シンクロニシティはあなたの内面に呼応して起こりますので、あなたが「より『本気』で社会をより良くしたい」と願うことで、奇跡的レベルのシンクロニシティが起こります。

あなたの「本気」で、社会をより良くしたいと願う時に、その「本気度」に呼応したシンクロニシティが起こると考えてください。

「より良い社会にする」ことは、とても素晴らしいことです。

ぜひ、より「本気」で「より良い社会にしたい」と願い、行動してみてください。

その「本気」の想いが強いほど、夢や願いが叶いやすくなります。

CHAPTER: 5

第5章

シンクロニシティの驚くべき真実

この第5章では、これまでどおりシンクロニシティの実例をお伝えしつつ、さらなるシンクロニシティの核心に迫っていきましょう。

01

すべての人にシンクロニシティは起きている

さて、ここまでに驚愕シンクロニシティの実例を見てきましたが、いかがでしょうか。「あ！　あれがシンクロだったのか！」と、ご自分がシンクロニシティを体験していたことに気づかれた方も多いかと思います。

たとえば、考えごとをして歩いていた時に「あいたたた！」と、足を机の角にぶつける、また、心が「モヤモヤ」するのもシンクロニシティからの合図です。こういった経験は誰にでもあり、シンクロニシティからのメッセージは生活のいたるところにあるわけです。

シンクロニシティはとても幸運な展開が多いので、品行方正な人にしか起こらないのかな？と思われがちですが、じつはそうでもありません。

例外なく、**「シンクロニシティはすべての人に分け隔てなく起こる」**のです。

あとはシンクロニシティに気づくかどうかの違いだけであり、すべての人は「集合的無意識」「心や意識がひとつとなる場所」と繋がっていますので、必ずシンクロニシティは起こります。

シンクロニシティは否定的、懐疑的な人にも起きる

シンクロニシティを「肯定する人」と「否定する人」では、当然、「肯定する人」の方が、シンクロニシティに気づきやすくなりますし、起こりやすくなります。

ほとんどの人はシンクロニシティを肯定し興味を示しますが、中には「そんなのただの偶然でしょ」と懐疑的な態度を示す人もいます。

では、「シンクロニシティを疑い、否定する人にはシンクロニシティは起こらないのか」というと、じつはそうではありません。

なんと！ **思いっきり疑い完全否定している人にもシンクロニシティは起こります！**

しかも、本人がシンクロニシティを否定している最中ですら、「これでもか！」と言わんばかりの驚愕なシンクロニシティが起きてしまうことさえあります。

それでは、実際に起こった驚愕の実例をお伝えしましょう。

シンクロファイル NO.38

姫とクイーン

ここまで読まれた方は、シンクロニシティの凄さを十分ご理解いただけていることかと思います。

しかし、初めてシンクロニシティのことを聞いた方や、ご自身がまだ体験されていない方の中には、シンクロニシティに懐疑的な方もいるかもしれません。

果たして、そうした懐疑的な方にも本当にシンクロニシティは起こるのでしょうか？

その疑問に応えるべく出来事が起こりました。

これは私が大学に勤めていた頃の話です。その頃、私には「姫」というシンクロニシティが多発していました。テレビをつければ「姫」という言葉が耳に飛び込んできて、なんとなく立ち寄ったコンビニでふと手にした雑誌をパッと開くと、「姫」という文字が目に飛び込んできました。

いたるところで「姫」という言葉が私のもとに集まってきていました。

そんなある日の午後、「ここのところ多発している『姫シンクロ』には一体どんな意味があるのだろうか」と考えつつ、私は昼休みに大学のカフェでランチを食べていました。

そこへ、学生A君がトレイにアイスティーをのせてやってきました。

「『Ｋ』さん、ここ空いてますか？」

「おお、A君！　空いてるぜ。座りなよ！」

「ありがとうございます！」

A君は荷物を置いて席に着きました。

「『Ｋ』さん、コレ知ってます？」

A君はストローの包み紙の両端を破ると、そのまま包み紙をストローの両端から中央に向かってググッとアコーディオンのように縮めて寄せました。そして、それをストローから抜き取りトレイの上に置きました。

ストローの包み紙がアコーディオンを折り畳んだように小さく縮こまっていました。

そして、A君はストローをスポイトのようにして水をすくい、その縮こまった包み紙の上に一滴垂らしました。

すると水を吸い込んだ紙がもとの形状に戻ろうとして膨らみはじめ、まるで生き物のようにニョキニョキと動き出し、左右に長く伸びていきました。

その様子を見て私は思わず「ははは！　これは、面白いねえ！」と声をあげました。

そして、私はすでに伸びきって動きをとめたそのストローの紙をしっかり見てみようと顔を近づけのぞき込みました。すると、そこでシンクロニシティが起きました！

その伸びきったストローの紙には、なんと！


「Queen（クイーン）」と書かれていました！


「クイーン」とは英語で「姫」の母のことです！　最近、私に多発していた「姫シンクロ」がここでも起きました！

しかも、縮こまった紙がうにょ～～んと伸びて「クイーン」の文字が浮かび上がるとは、なんとも劇的で記憶に残る「姫シンクロ」です。

私はさっそくここ数日に起きていた「姫シンクロ」の話をA君に話してみました。

すると、A君は「姫シンクロ、とても面白いですね……」と、興味を示しました。

A君は自分が「なんとなく」やったストローの紙を使った遊びが、思わぬ「姫シンクロ」を起こしたことにも驚きつつ、話に聞き入っていました。

すると、そこへランチトレイを持った職員である同僚Bがやってきました。

「ここ、空いてる？」

「おお、空いてるぜ」

同僚Bもトレイをテーブルに置き席に着きました。

私は同僚Bにもわかるように話を戻しつつ、「姫シンクロ」と今ここでA君が起こした「クイーン」という「姫シンクロ」の話を続けました。

A君は興味深くこの話を聴いていました。

ところがそれとは対照的に同僚Bは、シンクロニシティのような不思議な偶然の一致の現象にかなり懐疑的な様子でした。

そして、同僚Bは訝《いぶか》しげな顔をしてこう言いました。

「それは、単なる偶然でしょう」

どうやら同僚Bはシンクロニシティに否定的なようです。私は日頃からこのように意見が割れた時には、無理には説得をしようとしません。シンクロニシティは体験することで、その存在を実感することが大切だと考えているからです。

すると、学生のA君が少し遠慮がちに口を開きました。

「でも、これだけ『姫シンクロ』が重なると、もうこれは単なる偶然では片づけられないかと……」

私はこのふたりのやりとりを聞いて、内心「同僚Bも自分が実際に体験すれば、シンクロニシティの存在を実感できるのだが……」と考えていました。

そこで私も同僚Bにシンクロニシティの説明を付け加えるようにこう言いました。

「たとえば何か『気になるコト』とかあるだろ？　それで、その『気になるコト』ってのは、じつは意外にも偶然の一致と繋がっていたりするんだよ」

すると同僚Bは、何かを思い出すようにこう言いました。

「今、気になっているコトと言ったら、昨日行った喫茶店で流れていた曲の『ボヘミアン・ラプソディ』がさっきからずっと頭の中で流れていることくらいかな……」

「んんん！　マジかよ！」

まさか同僚Bがそんなことを言うとは思ってもいなかったので、私は思わず驚きの声をあげてしまいました。

「だからそれだぜ！　それがシンクロだぜ！」

「ん？　何が？……」

私の驚きをよそに、どうやら同僚Bはまったく気がついていないようです。

同僚Bが昨日、喫茶店で聴いた、この『ボヘミアン・ラプソディ』という曲を知っている方は、もうすでにお気づきかと思いますが、このシンクロニシティに否定的な同僚B自身が、シンクロニシティを起こしてしまっているのです。

私は、「自分がシンクロを起こしていることになかなか気づけないでいる同僚B」に問いかけました。

私「だからその曲、誰の曲だよ?」

同僚B「ん?……ハッ! あああああっ!」

そうです、その曲は英国のロックバンドの……なんと!

……「Queen クイーン」の曲なのです!

なんともシンクロニシティに懐疑的だった同僚Bが自ら「姫シンクロ」を起こして、シンクロニシティの存在を実証してくれてしまったわけです。

ここ数日「姫シンクロ」が立て続けに起きていた私、それとは知らずにストローの包み紙で「Queen クイーン」シンクロを起こした、学生A君。

そして、シンクロニシティに懐疑的だった同僚Bまでもが、前日の喫茶店で聴いた「Queen クイーン」の曲が頭の中で流れ続けるといったシンクロニシティを起こしてしまったわけです！　これには一同、驚きました。

まさに、驚愕の「Queen クイーン・姫シンクロ」でした。

いかがでしょうか。このように、なんと！　懐疑的な人にも（当の本人が気づいていないだけで）シンクロニシティはしっかりと起きているのです。

信じていても、信じていなくてもシンクロニシティは誰にでも起きます。

この「姫シンクロ」のおかげで、「懐疑的な人にもシンクロニシティが起こる」ということが実証されました。これはシンクロニシティを研究している私にとっても、かなり大きな収穫でした。

この実例からも「シンクロニシティがすべての人に起きている」ことが、さらに深くご理解いただけたことかと思います。

シンクロニシティは人に移り、広まっていく

「姫とクイーン」シンクロニシティでは、学生A君そして同僚Bと立て続けに私の目の前で驚愕のシンクロニシティが起きました。

じつはシンクロニシティはこのように、「人に移り広がっていく」性質があります。

では、その実例をお伝えしましょう。

シンクロファイル NO.39 天使

毎年10月2日はカトリックでは「守護天使の日」とされています。そこで私のブログでは、読者のみなさんと「天使のシンクロニシティ」を体験しようという企画を行いました。

その結果、私の友人を含め30名以上の方々が「天使のシンクロニシティ」を実際に体験することができました。

私は「天使の日の前後に、どんな羽根でもイイのでとにかく『羽根』を見たら、それは『天使があなたのそばいますよ』という意味です」と考えてくださいとブログに書きました。

もちろん日常生活でも普通に「羽根」を見ることもあるかと思いますが、じつはシンクロニシティによって届けられる「羽根」はちょっと不思議な経路やタイミングで届けられます。

それでは、私の友人に起きた「天使の羽根シンクロニシティ」をお伝えしましょう。

その日、友人は職場で昼休みに私のブログを読み「自分も天使の羽根を発見したい」と思いました。そして、昼休みも終わりブログを読み終えた友人は、午後の仕事に取りかかりました。15時頃になり、ふと手が空いたので「なんとなく」職場のソファが「気になった」ので掃除をすることにしました。

壁側に寄せてあるソファの背をハンディモップで拭こうとした、その時、なんと！　ここでシンクロニシティが起きました！

そこには隙間に挟まるようにして小さな「羽根」があったのです！

昼休みに「羽根」を見たいと思っていたら、なんと！　その2時間後にこの友人のもとにさっそく、「羽根」が届けられたのです。

これには驚きとともに友人は「天使、仕事早っ！」と笑ってしまいました。

このシンクロニシティのスゴイところは、友人が朝ソファを見た時には、「羽根」はなかったと言っていたことです。つまり、この「羽根」は友人に発見される数時間前にココに運ばれてきたわけです。しかも、職場に「羽根」とは、一体どこからやってきたのでしょうか？

驚愕のシンクロニシティです。

そして、この友人の「羽根シンクロニシティ」はさらに続きます。

友人は帰宅すると、いつもどおりに洗面所で手を洗いました。そして、ふと窓を見ると、何やら枯葉のようなモノが網戸に挟まっていました。何だろうと思い近づいて見ると……なんと！

そこには、またまた「羽根」があったのです！　なんとも、この日ふたつ目の「羽根」でした！　これには友人もとても驚きました。

一日に立て続けに2回も「羽根シンクロ」が起こることもスゴイわけですが、この話のどこがスゴイかと言いますと、じつはこの「羽根」が発見された状況です。

そもそも「羽根」が網戸のあの小さな網目に刺さっていること自体なかなかないことです。しかも、引っかかるように頼りなさげに刺さっていて、ちょっとの振動で網戸から取れてしまいそうだったので、そっと網戸を開けて手に取ってみたとのことです。

これでは風が吹いたりしても、取れてしまっていたはずです。つまり、この「羽根」が網戸にくっついていられる、わずかな間に友人はこの「羽根」を発見したわけなのです。

まさに驚愕のタイミングの「羽根シンクロニシティ」です。

この時の実際の「羽根」の写真がこちらです（次ページ）。

小さい方がソファの「羽根」、大きい方が網戸の「羽根」です。

あなたはこのシンクロニシティをどう感じますでしょうか?

この「羽根」が見つかった状況とタイミングからして、まるで「天使たちが、この友人に『天使は実在する』ということを知らせてくれている」ようにも見えますでしょうか?

そして、このような「羽根」シンクロニシティが、私のブログの読者の30名以上の方々にも起こりました。

これだけ多くの方々に「羽根」シンクロニシティが起こるということは「『天使の存在に気づいて』と天使たちが言っている」ように、あなたは感じますでしょうか?

このように、**シンクロニシティはシンクロニシティの本を読んだり、話をしたり、聞いたりすると、その直後にシンクロニシティが起こるケースがとても多いです。**

実際、私の本を読んですぐにシンクロニシティが起きたと、書籍を扱うネット通販サイトのコメントにも書かれています。

このように、シンクロニシティは人から人へと移り、広まっていくわけです。

SYNCHRO POINT

シンクロニシティの体験を人とシェアするとシンクロニシティが増える

このように、シンクロニシティは人から人へと広まっていく性質がありますので、シンクロニシティの体験を人とシェアすると、確実にシンクロニシティが増えます。

シンクロニシティを増やしたい場合は、友人など話せる間柄の人に「今日、こんなシンクロがあったよ」と話してみてください。

周囲にシンクロニシティの話をシェアする人がいない場合には「ブログに書いてシェア」してみるのもよいかと思います。

人とシェアすることで、シンクロニシティは伝播《でんぱ》します。そして、あなたもシンクロニシティを自然とより意識するようになりますので、確実にシンクロニシティが増えます。

私は毎年１００件以上のシンクロニシティを体験していますが、それらをシンクロ日記としてこちら（https://arcadia-rose.themedia.jp/pages/3420455/SYNCHRONICITY）で公表しています。

興味のある方は、読んでみてください。

02

自分の心に合ったシンクロニシティが起こる

「すべての人にシンクロニシティは起きている」とお伝えしました。

では、一体どういう時にどのようなシンクロニシティが起きるのかと言いますと、**「シンクロニシティは自分の内面にあるものが、反映されて起こります」**ので、**その時の自分の心の状態に応じたシンクロニシティが起こります。**

たとえば、心が楽しい状態の時には、楽しいシンクロニシティが起こりやすくなります。

そして、シンクロニシティは心が整っている時にだけ、起こるわけではありません。

SYNCHRO POINT

心が乱れ、イライラしていてもシンクロニシティは起こる

では、心が乱れている時には、どのようなシンクロニシティが起こるのでしょうか。じつは、**心が乱れている時には、「自分の心が乱れていることを知らせてくれる」シンクロニシティが**

起こります。

「シンクロファイル28 Gという名の生き物」を思い出してみてください。この実例は「心が乱れて腹を立ててしまっている時」に起きていました。そして、そこには「心を落ち着けようね」というメッセージがありました。

また、「シンクロファイル35 頭ゴツン！」も、あまりよい心境の時に起こった出来事ではありませんでした。

このようにシンクロニシティは「心が乱れ、イライラしている時」にも起こります。むしろ、心が乱れている時に起こるシンクロニシティは重要です。心が穏やかでない時にこそ、起こった出来事からメッセージを解読してみてください。

心が乱れている時は、人生の正しい軌道からズレてしまっていますが、メッセージを解読して、自分の言動を改めることで正しい人生の軌道に戻ることができます。

SYNCHRO POINT

「前向きならば応援系」「後ろ向きならばイタイ系」のシンクロニシティが起こる

ただ、何か自分に問題があるからといって、必ずしもイヤなシンクロニシティが起こるとも限りません。

たとえば、「シンクロファイル33 ハート形」のケースがそうです。

知人との関係がうまくいってなかった時に、「ハート形」シンクロニシティが起こり、「愛のある対応を心がけましょう」というメッセージがきました。

この「ハート形」シンクロニシティはとても優しい雰囲気の出来事ですよね。まるで、その大変な状況を「がんばってね」と応援してくれているかのようです。

つまり、いろいろと問題があったとしても、本人が「前向き」にその問題に取り組んでいると「応援系のシンクロニシティ」が起こります。

そして、その逆に、人生の問題を丸投げしたり、相手のせいにしたりといったように「後ろ向き」にその問題に取り組んでいると「イタイ系のシンクロニシティ」が起きるわけです。

人生が大変かどうかは関係なく、その大変な状況に「前向きに取り組んでいる」のか「後ろ向きに取り組んでいる」のかがポイントとなります。大変な状況でも前向きに生きていると応援系のシンクロニシティが起こる傾向にあります。

まさに、**自分の心に呼応して、「自分の心に合ったシンクロニシティが起きている」**わけです。

03

シンクロニシティは何のために起こるのか？

シンクロニシティは人生の正しい流れを知らせている

では、そもそもシンクロニシティは何のために起こるのでしょうか。これは、シンクロニシティを解読して、そのメッセージを行動に移すと自然と見えてきます。

今まで、シンクロニシティを行動に移した結果として得てきたモノを挙げるとこうなります。

①出会い、モノ、情報が届く
②うれしい出来事やプレゼント
③問題や仕事のヒントや答え
④本当の自分を生きるためのヒント
⑤人としての成長
⑥自分の間違いに気づかされる

実際、これらのことをシンクロニシティから得ることができました。このことからすると、不思議に感じる方もいるかと思いますが、**シンクロニシティは「あなたを成長させ幸せにするために起きている」**ようにも見えます。

そして、シンクロニシティはこのような傾向で起こります。

① 正しい道を進んでいると「楽しくうれしいシンクロニシティ」が起こる
② 正しい道から外れると「それを知らせるシンクロニシティ」が起こる
③ 正しい道へ戻りたいと願うと「それを応援するシンクロニシティ」が起こる

これまでお伝えしてきました実例はこの傾向で起きています。

何かを失敗してしまったとしても、その失敗をしっかり反省して「正しい道へ戻りたい」と願うと、それを応援してくれるシンクロニシティが起こるわけです。

では、その実例も見てみましょう。

シンクロファイル NO. 40 毛ガニ

これは以前、私が地元の友人と意見の衝突をしてしまった時のことです。この年もその友人と年賀状のやりとりはあったのですが、少々気まずい雰囲気になってしまっていました。

当時、私は東京に住んでいたので、その友人とはほとんど会うこともなく、なかなか和解する機会もありませんでした。

ところが、久しぶりに地元の友人たちと集まることになりました。私もその会には参加しますし、その友人もきます。

私は「ちょっと俺も悪かったな」と反省をしていましたので、「その友人と和やかに話せる何かイイきっかけが欲しいなあ」と思っていました。

すると、そこに奇跡的なシンクロニシティが起こりました！　その友人からきた年賀状が、なんと！

お年玉くじに大当たりしてしまったのでした！

それで、私はかねてから一度食べてみたいと思っていた「毛ガニ」を選び食べました。もちろん「毛ガニ」もうれしかったのですが、これは「和解のためのイイきっかけができた」わけです。私はそちらも、とてもありがたかったわけです。

そして実際にその友人と会った時に、その話をして大いに盛り上がりました。

私「そう言えば、お前がくれた年賀状のお年玉くじが、当たったぞ」

友人「え、マジで?」

私「おお、マジ。それで毛ガニをいただいた。ありがとうな」

友人「マジかぁ! よかったじゃん!」

なんと、こうして、「毛ガニ」の話をきっかけにしてスムーズに和解することができました。本当にこういったちょっとしたきっかけがあると助かります。本当によかったなと思いました。

いかがでしょうか。私がなんとか「和解のためのきっかけが欲しい」と考えていたところに、まさにこのような出来事が起こったのです。

しかも、「切手シート」ではなく「毛ガニ」です。テンションの上がり方が違います。友人も自分のことのように喜んでくれました。これが「切手シート」だったら、ここまで話題が盛り上がることはあり得ません。まさに奇跡の「毛ガニ」シンクロニシティでした。

もちろん、お互いに自分自身と向き合う必要がある時など、あえて和解しない方がイイケースも稀にありますが、このように、私たちが「正しい道を行くのを応援してくれている」かのようにシンクロニシティが起こることがあるわけです。

このタイプのシンクロニシティを起こすにはポイントがあります。それは**「しっかり反省すること」**と、**「和解のチャンスが欲しいと願うこと」**です。

つまり、**「正しい道を生きる」と心を決めると、その心に呼応して、このようなシンクロニシティが起こりやすくなる**わけです。

シンクロニシティは「正しい人生」や「あなたの幸せ」に大きく役立つわけです。

シンクロニシティの存在を広めてもらうために起こる可能性

「シンクロニシティの体験を人とシェアするとシンクロニシティが増える」とお伝えしましたが、ここで、私がシンクロニシティについて感じていることをお伝えしておきます。

私の人生には、このように極めて多くのシンクロニシティが起きています。

どうして、私にこれほど多くのシンクロニシティが起こるのかと言うと、これはちょっと証明することは難しいのですが、「私がシンクロニシティを世の中に広めようと思っている」ことが原因だと感じています。

つまり、**「シンクロニシティを世の中に広めてくれる人のところに、シンクロニシティが多発する」**ということです。

シンクロニシティは「その存在を世の中に知らせて欲しい」という何らかの意志のようなものが働いているようにも見えます。

ぜひ、あなたもシンクロニシティ体験を身近な方々やSNSなどでシェアして広めてみてください。

「世の中にシンクロニシティを広めたい」と考え、それを実行すると、確実にシンクロニシティが増えたと感じることとかと思います。

04

シンクロニシティが「あの世」と繋がった実例

それではいよいよシンクロニシティの核心に迫る驚愕の「事実」をお伝えしていきます。

中には驚かれる方もいるかと思いますが、じつは**シンクロニシティは「あの世」とも繋がっ**

て起きることがあります。


ここでは私が実際に体験した出来事や目にした「事実」をもとにお伝えしていきます。

これは絵空事ではなく、実際に起こった「事実」です。

これに関しましては実例をお読みいただくのが一番かと思います。

この実例を読むと、「あの世」との間でシンクロニシティが起こることをご理解いただけることかと思いますが、シンクロニシティが「あの世」とも繋がっているかどうかは、これからお伝えする実例を読んでみて、考えて、あなたなりの結論を出してみてください。

シンクロファイル NO.41 運命の赤い糸

まずは、ロマンティックでステキな「あちらの世界」に関わる実例からお伝えしましょう。

私が中学生の時の国語の教師が「運命の赤い糸」の話をしてくれました。

それは、その教師と旦那さんとの出会いから結婚までの話で、「結婚する相手は生まれる前から決まっていて、運命的に赤い糸で繋がっていて、必ず出会って結婚する」という話でした。

私が中学生の時にその話を聞いたのですが、やはりステキな話だなと思いました。

そして、本当にそのようなことがあればイイなあと思いました。

ところがその何年も後のこと、私は友人の結婚を通じて、その「運命の赤い糸」の実在を目《ま》の当たりにすることになりました。

それは私の友人で、新郎である柵山《さくやま》氏（通称サク）と新婦の咲子さんのおふたりの結婚式でのことでした。新婦咲子さんのお父さんのスピーチの中に「柵山君とうちの咲子は絶対に運命の相手で間違いありません」というステキな言葉がありました。

その理由は、新郎のサクはガーデニングの会社を経営していまして、つまり「花」を仕事にしています。そして、なんと！　新婦の名前が「咲子さん」なのです。どうでしょうか？

新郎の仕事が「花」と接する仕事で、新婦の名前が「咲子さん」なのです。とても素晴らしいシンクロニシティです。まさにふたりが結婚することで、さらに「花」が「咲く」となります。このようなステキなシンクロニシティが実際にこの世にはあるわけです。

しかも、このおふたりの「運命の赤い糸シンクロニシティ」はこれだけではありませんでした！　なんと！

新婦の咲子さんの誕生日が「3月9日」であり、これを語呂合わせで読むと、「3と9」で「3《サ》9《ク》」となります。なんと！　新婦の咲子さんの「誕生日の3《サ》月9《ク》日」と新郎の柵山氏の呼び名「サク」までもがシンクロしていたのです！　これはちょっとスゴイですよね。

私もこのおふたりの「運命の赤い糸シンクロニシティ」には本当に驚きました。これほど美しい「運命の赤い糸シンクロニシティ」があるのだなと、とても深く心に沁《し》みわたり感動しました。

この話を結婚式の披露宴のスピーチで新婦のお父さんが話されていたので、これはもう本当に感動してしまいました。

そして、この出来事を通じて、私も「運命の赤い糸」は実在するのだということを確信することとなりました。

生まれてくる前に約束してきたふたりが再びこの地上で出会って、そして結婚する。なんともステキな話ですね。

新郎の職業と新婦の名前がシンクロしていて、しかも新郎の呼び名と新婦の誕生日の語呂までがシンクロしているのです。これだけの一致となると単なる偶然だと考えるのはちょっと無理があるかと思います。

おふたりは生まれてくる前に、つまり「あちらの世界」で、「名前」「誕生日」「結婚する相手」を決めてこの世界にやってきたと考える方が自然です。

このシンクロニシティは「あちらの世界」と私たちの人生は繋がっていることを示唆《しさ》してくれているシンクロニシティだと言えます。

さて、あなたはどう考えますでしょうか。

では、さらに「あちらの世界」との繋がりを示すシンクロニシティの驚愕の実例をお伝えしていきましょう。

あの世の父からのメッセージ

シンクロファイル NO.42 父の最後のあいさつ

次は私自身の実体験です。私の父はすでにこの世を去り天へと還りましたが、これはその時の話です。

その頃、私は実家を離れて東京に住んでいました。父がこの世を去りそろそろ天へ還る時期が来ているということは、私も家族から父の様子をうかがい知っていました。

そんなある深夜のこと、私は普段どおりに普通に眠っていました。すると、なんと！

私のところに父がやって来ました。東京にいるはずのない父が眠っている私のところへやって来たのです。

眠っている間に起きた出来事なので、これは通常は夢と判断されることが多いかと思いますが、これはいろいろな点で夢とはちょっと違いました。

私のこの体験と似た体験をされたことがある方もいるかと思いますが、この体験をたとえるならば、夢とはちょっと違う「やたらリアルな夢」といった感じの出来事です。

私がいた場所は、全体が光で満ちたような真っ白な場所で、そこに父が来ました。

私は父がこの世を去る時が近づいていることは知っていましたので、「ああ、おやじは最後に俺に会いに来てくれたのだな」とすぐにわかりました。

父の実際の身体は、もちろん地元にあったはずですが、父がここにいるということは、つまり父は身体から抜け出して私に会いに来てくれたということになります。

この時の父の姿はとても不思議でした。父の実際の身体は年配であり、しかもこの世を去る時ですから、ある意味ヘトヘトになっているはずです。

しかし、この時の父の身体は、身体全体がちょっと光を放つような感じで光り輝いていて、しかも、なんと！　青年のような顔や姿をしていました。

「え！　おやじ？　ちょっとそれ俺より若くね？」と、ひょっとしたら私よりも若いのではないのかと思うような姿をしていました。

実際の父の身体はヘトヘトなはずなのに、父はとても元気で、しかも、爽やかでとてもイイ笑顔をしていました。元気いっぱいでスッキリしてとても軽やかな印象を受けました。

そして、父は私にこう言いました。

「来れんか？　来れんか？」

実際、職人だった私の父はあまり多くの言葉をしゃべらず、このように短い言葉で会話をします。

つまり、これは「そろそろ、この世を去るので、地元に帰って来れんか？」と私に尋ねているわけです。「そろそろ、あちらの世界へ行くのでな」と私に伝えに来てくれたわけです。

そして私は「ああ、おやじ行っちまうんだな……」と思い、少しだけ寂しい気持ちになりつつ、こう答えました。

「東京だし、今は夜明け前なので、すぐにはちょっと……」

すると父はこう言いました。

「そうか、そうか」

父はニコニコ笑顔で、そう頷《うなず》きながら、とても爽やかにその場を去っていきました。

これは、一見なにげない会話のようにみえますが、意味的には父親と息子の最後の会話と言いますか、いわゆる「あいさつ」みたいなものです。

「元気にやれよ！」「おう！　わかった！」

みたいな、ものなのです。

そして、私は布団の中で目を覚ましました。

今見た光景や父との会話を思い起こしながら、私は「ああ……おやじ、行くんだな……」と理解しました。

私はなんだかぐったりきていたので、そのまま再びうとうとして眠りました。

そしてそれから、すぐのことでした。いきなり明け方の静寂の中、電話のベルが鳴り響きました。

私が電話に出ると「お父さん、今、天に行ったよ」と、それは家族からの電話でした。

「ああ、知ってる、さっきおやじが俺のところにあいさつに来た……」

と私は答えました。

いかがでしょうか。寝ている間の「あちらの世界」での「父の最後のあいさつ」という出来事と、「父が天に行ったという知らせの電話」という「こちらの世界」の出来事が、見事に完全にシンクロつまり一致しているわけです。

これはまぎれもなく**「私たちは『あの世』とも繋がっている」ことや、「シンクロニシティは『あの世』とも繋がって起こる」ことを示している実際に起きた「事実」**です。

では、さらに別のケースもお伝えしておきましょう。

シンクロファイル NO. 43

あの世の父からのメッセージ

では、さらに「あの世」と「この世」の現実が見事に一致したシンクロニシティの実例をお伝えしましょう。

このシンクロニシティも「あの世」へ行った私の父との間で起こったシンクロニシティですが、確実に「あの世」と繋がっていることが実証できる驚愕の実体験です。

この体験には本当に私も驚かされました。

これは、父がこの世を去ってまもなくの出来事でした。その頃、私は東京でインディーズの音楽家をしておりました。しかし、私にはひとつとても大きな悩みがありました。

それは、父は生前に「そろそろ音楽はやめんといかんぞ……」と言っていました。当時の私はそれを、「ははは」と笑って聞き流していました。

ところが、いざ父がこの世を去ってしまった後になると、なぜか父のその言葉がとても気になりはじめました。

「ああ……おやじは音楽を、『そろそろやめろよ』って言っていたな……」

「今、おやじが生きていたら何て言うのだろうか？」

と、ことあるごとに考えてしまっていました。

「あの世へ行った後でも、まだやめろよって言うのだろうか？　それとも、ひょっとしたら応援してくれているのか？　ま、それはないか……どうだろうか……」

生前はまったく気にしていなかった父の言葉が、父がこの世を去ってしまうと直接会って聞くことができないので、やたら気になってしまいました。私は珍しく真剣に悩みました。

すると、そんなある日、なんと！

私が眠っている時に、「あちらの世界」から父が私に会いに来ました。先ほどお伝えしたのと同じように、そこはあたり一面が真っ白な光の場所でした。

そして父は私にこう言いました。

「おれの言いたいことは、全部おふくろ（私の母）に言っておいたから」

とだけ言って、前回の時と同じように爽やかに笑っていました。

あいかわらず、言葉の少ない父でしたが、つまりこれは私の音楽活動を「父が今どう考えているのか」を知りたくて悩んでいたので、「私が音楽を続けていることに対して父がどう思っているのかを、私の母親に伝えておいてくれた」というわけです。

父がそう言うと、次に私の実家に「新聞」が置いてある光景が見えました。そして、ちょっと不思議な光景なのですが、その「新聞記事」の特定の箇所の文字だけが、グググッと浮き上がってくるのを見ました。

そこに何が書いてあるのかまでは見えなかったのですが、どうやら、それは浮き上がったその部分に大切なことが書かれているということのようでした。

そして、そこで私は目を覚ましました。

普段の夢とは、先ほど解説しましたように感覚がかなり違いましたので、これは実際に「あちらの世界」から父が私に会いにきたのだとわかりました。

「おやじ元気そうだったな……言いたいことはおふくろに伝えたって言っていたが、一体何を伝えたのだろうか？　それにあの『新聞』は一体何なのだろうか？」

父は「何を伝えた」のか？　あの「新聞」は何なのか？

そしてその数日後、なんと！　驚愕のシンクロニシティが起きました！　そしてこの疑問は、驚くべき形で解き明かされることとなりました。

その日、実家の母から一通の手紙が届きました。なにやら「ちょっとイイものを見つけたので、私に送ってあげよう」と、手紙を書いてくれたようでした。

しかし、その手紙の内容が驚愕でした！　なんと！　その手紙の中には、「新聞」記事が同封されていたのです！　これは、私が寝ている間に見たヴィジョンと完全に一致しています！

しかも、その記事にはドーンと大きく「ロックに終わりはない」と、書かれていました。これは、イギリスのロックバンドのローリング・ストーンズ来日の新聞記事でした。

そして、さらに驚愕なことに、その記事には母が鉛筆で大切なところに線を引いていたのです。

これも私が寝ている間に見たヴィジョンの「新聞」記事の「特定の箇所の文字だけが浮き上がってきた」と完全に一致していました！

正直、これには私もかなり驚きました。寝ている間の世界で見た「新聞記事」と「浮き上がる文字」これが、今、現実に私の手元に母から送られてきたのでした！

「寝ている間にした父との会話と、こちらの現実世界がここまでシンクロするとは！」

そして、私はちょっと気持ちが高まってきました。

なぜなら、この流れできますと……私がずっと気にしてしまっていたこと、つまり、「あの世にいる父が、今、私がロックを続けていることをどう思っているか？」という、父への質問の「返事」が、その新聞記事の母が線を引いた部分に書いてあるかもしれないからです！

そんな驚愕でマンガのような話が本当にあるのでしょうか？　しかし、父は「その答えに関して、言いたいことはすべて母に伝えた」と、私に言っていました。

ということは、「やはりこの新聞記事の母が線を引いたその部分に、父からの『返事』が書いてあるのか？」

私は神妙な気持ちでその記事を読んでみました。すると……そこには！　なんと！

驚愕にも！　そこには私の質問に対する、あの世にいる父からの返事が書いてあったのです！

母が鉛筆で線を引いた新聞記事のその部分を読むと、こう書かれていました。

「もしも強く感じる何かがあるなら、そこにしがみつくんだ。音楽をつくりたい、物を言いたい、人の気持ちを動かしたい、そう思っているならやり続けることだ」

と、書かれていたのです！　これを読んで私は、

「ああ……生前おやじは俺に音楽を、そろそろやめろよって言っていたが……今はこう思っていてくれていたのか……」

と、知りました。そして、グッと込み上げるものがありました。

正直、私はとてもうれしかったです。こうして、ずっと心にあった「心のつかえ」が取れたわけです。

このように、父が私のために私に会いに来て語り、こちらの世界にいる母と新聞記事の文字を使って返事をくれたわけなのです……。本当にありがとう、と感じました。

これが、その時、母から送られて来た新聞記事の実物です（「朝日新聞」２００６年3月28日）。

実家の引き出しに大切に入れてあった実物です。

どうでしょうか。

このように、**私たちは「あの世」とも繋がっていて、シンクロニシティを通して、「あの世」へ行った方ともコミュニケーションがとれる**のです。

あちらの世界に行った方々は、いつも私たちを見てくれています。そして私たちのことを大切に想ってくれている

ストーンズ来日
ロックに終わりはない
「エネルギー・感情が大事」ミック
「倦怠は病気だよ」キース
江戸の町に響いた音色・役者のせりふ
黒木文庫でみる音楽と演劇
東大駒場博物館で5月7日まで

のです。

このシンクロニシティからわかることは、私たちはこの世界だけで生きているのではなく、あの世とも関わりあって生きているということです。

いかがでしょうか。あなたは「あの世」とも繋がっていて、「あの世」からもシンクロニシティを通じてメッセージを受けとることができることが、おわかりいただけたでしょうか。

シンクロファイル NO.44 あの世から父の一言

あの世との繋がりを示すシンクロニシティは大切なので、さらにもうひとつ実例をお伝えしておきます。

これは私が一冊目の本を執筆していた時の出来事です。

私にとっての初めての著書だったので、まだ本を書くということに慣れておらず、一冊書き上げるのにとても大変でした。

スムーズに書けている時は書けるのですが、どうかするとスランプになり書けなくなりました。

今から思えば、自分で本を書くことを難しく考えすぎてしまったために、執筆に行き詰まってしまっていたのですが、当時はそのことに気づけずなかなかスランプから脱出できなくて困っていました。

「う〜ん。書けん！」と、私はひとり困っていました。するとそこにシンクロニシティが起こりました！　なんと！

「あの世」にいるはずの父の声が聞こえたのでした。

「考え方を変えれんか？」

と、それだけ父は言いました。相変わらず言葉の少ない父の声でした。

「え？」

と、誰もいないはずの部屋で「あの世」にいるはずの父の声が聞こえてきたので私は少し驚きました。

自分の父の声やしゃべり口調を忘れるはずがありません。間違いなく父の声、そして父のしゃべり方でした。

「今、確かにおやじの声が聞こえたよな……『考え方を変えれんか？』って言っていたな」と、私は父に言われたことをしっかりと記憶に留めました。

執筆が進まなくなり私が困っていたので、父がヒントをくれたのだなと思いました。

そこで、私は執筆に関していろいろとできる限り考え方を変えてみました。まず、もう少し気楽に書くことにしました。最初からきっちりと書くのではなく、ざっくり書いて、後から文章を整えていくことにしました。このやり方が私には合っていたようで、再び執筆がスムーズに進むようになったのです。

こうして、父に言われたように執筆に関する考え方を変えてみましたところ、なんと！　あれほど困っていたスランプから抜け出し、スムーズに書き進めることができるようになったわけです。

「あの世」にいる父の声を聞いて、そのアドバイスに従い私はスランプを抜け出すことができたのです。

もちろん、もし父がこの世にいて、「今、全然書けねぇんだよなあ」と私が言えば、同じようなことを言ってくれたかもしれません。しかし、「あの世」にいる父がこのように、私にアドバイスをしてくれたのです。

そして、この出来事と現実は見事に繋がっており、事実、この「あの世」にいるはずの父のアドバイスを実行に移したところ、現実の問題が解決されたわけです。

いかがでしょうか。「あの世」の父に関するシンクロニシティを3つお伝えしました。

ひとつ目は、父が最後の挨拶に来て、ほどなくして、「現実に」父が去ったという電話が鳴りました。

ふたつ目は、私のバンド活動を父が「あの世」でどう思っているのかを知りたがっていたところに、「現実に」その答えが母からの手紙に同封された新聞の文字として届きました。

3つ目は、私が執筆に困っていたところ、「あの世」の父からのアドバイスを実行して、「現実に」スランプを脱することができました。

といったように、この3つの「あの世」の父からの出来事は、単なるヴィジョンや声のみではなく、すべて「この世」の「現実」と見事に繋がっています。

このような出来事は私にだけ起きたことではなく、誰の人生にも起こりうることです。

事実、私の友人の中にも二名、このようなシンクロニシティが実際に起きています。あまり人に話さないだけで、じつはかなりの方がこのような体験をしているかと思います。

いかがでしょうか。

これらのシンクロニシティの実例は「あの世」と私たちはしっかりと繋がっていることを「事実」として示しているわけです。

さて、あなたはどう感じましたでしょうか。

05 シンクロニシティに何者かの意志が働いている可能性

具体的すぎるメッセージの驚愕シンクロニシティ

ここでさらに、ものすごいシンクロニシティの実例をお伝えしておきましょう。
こちらも、私が実際に体験した驚愕のシンクロニシティです。

シンクロファイル NO.45 リモコンが勝手に動く

おそらく私が体験したシンクロニシティの中では、このケースが一番わかりやすい具体的なメッセージだったと思います。具体的なメッセージというよりは、ほかに解釈の余地がないほど明確なメッセージでした。

そしてこのシンクロニシティは、見えない「何者かの存在」を意識せざるを得ないほどの出来事でした。では、その驚愕の実例をお伝えしましょう。

これはヴォイトレの最中に起きたシンクロニシティです。この話をする前に、このシンクロニシティを理解するための予備知識を書いておきましょう。

私はカラオケでは基本的にB'zというアーティストの曲しか歌いません。そしてB'zの曲の中では『Pleasure '91』という曲が好きです。この曲を簡単に説明しますと……。

「みんな就職や結婚で音楽をやめてしまうが、自分にとってはこの先の浮き沈みも音楽があればイイ」という内容の曲です。つまり「音楽を続けよう」という曲です。

この『Pleasure '91』という曲が今回のシンクロニシティのポイントのひとつとなります。

では、シンクロニシティの話を進めましょう。

それは、私が一冊目の本を出版社の依頼で書いていた時のことでした。編集氏にその本を作るスケジュールをうかがうと、1月からはじめて11月頃にできあがるとのことでした。

そして、その間ほとんどヒマがないとのことでした。音楽活動も執筆と並行して行おうと考えていた私にはこれはショックでした。

しかし、やはり本をきっちりと書きたかったので、私はその年は「ヴォイトレ以外の音楽活動はいったん停止しよう」と決めました。私はギターも弾くのですが、つまり、「ギターの練習を今年はやめておこう」と決めたのでした。

そんな決断をした日に、そのシンクロニシティは起きました。その日、私はヴォイトレでカラオケ・スタジオに入り、カラオケでB'zの練習曲を入れて歌っていました。

するとそこで、驚愕の出来事が起きました。これはホントに驚いたのですが、なんと！

私以外、誰もいないのにリモコン画面が勝手に動き出したのです！

カラオケのリモコン画面が勝手に動き出し、目録のページが勝手にどんどんとめくられ、ピッピピッピッと勝手に曲をどんどんと予約しはじめたのでした！

「えええっ！　これは、どーゆーこと？」

私は驚きました。もちろん部屋には私ひとりしかいません。しかし、そこに何者かがいるかのように、リモコンが勝手に動き出して、勝手に曲を予約しはじめたのです。

それはまるで見えない誰かがそこにて、勝手にリモコンを「ピッ、ピッ、ピッ、ピッ、ピッ」と素早く操作して、勝手に曲を選び、勝手に次々に予約をしているのと同じ現象が起きているのです。

カラオケ・スタジオでこんな出来事は初めてでしたので、本当に驚きました。しかも、じつはその曲名が、驚愕すぎました。なんと！

その曲名は『Guitarは泣いている』でした！

私が「今年はギターを弾くのをやめておこう」と決めた日に、リモコンが勝手に動き出して、『Guitarは泣いている』という曲をどんどんと予約しはじめたわけです。驚愕です。

しかも、リモコンが次から次へと勝手に予約をしてしまうので、モニターの画面には、

『Guitarは泣いている』
『Guitarは泣いている』
『Guitarは泣いている』……

と、ズラリと画面いっぱいに10件以上も同じ曲が表示されてしまいました。

これでは、さすがに「ギターも弾いてあげようね」というメッセージ以外に解読のしようがありません。

「ええっ！　これマジかよ！」とホントに驚きました。しかし、「今年は本を書かないといけないから、やはりギターは無理だよな」と思いつつ、歌の練習をしていると、またまた、シン

クロニシティが起きました。なんと！

部屋には私ひとりしかいないというのに、再びリモコンが勝手に動き出し、「ピッ、ピッ、ピッ、ピッ、ピッ」と素早く操作して、ページをどんどんめくっています。そして、今度はなんと！

『Pleasure '91』

『Pleasure '91』

『Pleasure '91』……

と勝手に立て続けにいくつも予約をしはじめたのです！　この曲は、先ほど書きましたように「音楽を続けようね」という内容の曲なのです！　本当に驚愕です！

しかし、「それでも、やはり今年だけはギターを控えよう」と思っていたら、なんと！

またまた勝手にリモコンが動き出し、またまた素早くページをめくっているのです。そして、今度は、なんと！

『Liar! Liar!』

『Liar! Liar!』

『Liar! Liar!』……

と、またまた勝手に曲を何件も立て続けに予約を入れはじめました。

「Liar!」とは「うそつき」のことですので、これは……。

「うそつき！　うそつき！」

「うそつき！　うそつき！」

「うそつき！　うそつき！」……

と表示されたわけです。これではまるでリモコンが意志を持って生きているか、もしくは、見えない何者かが、かってにリモコンを操作して次々と予約をしているかのようです。

そしてその何者かが、私に音楽をやるように説得しているみたいですよね。

「ギターは泣いている」……

「音楽続けるんじゃなかったの？」……

「うそつき！　うそつき！」……

これほどわかりやすい具体的なメッセージだと、ほかに解釈の余地がありません。これでは、まるで見えない誰かが、リモコンを使って私に「ギターを続けろ」と言っているようなものです。もうこれを見てさすがに私も笑ってしまいました。

「ぶははは！　もうわかったから！　今年も少しずつでも音楽やるから！　ギター弾くから！」

と、私は決めました。そして、実際にギターの練習と並行して執筆をしたのですが、じつはこれが本当によかったみたいでした。

この時、私はまだ初めての本の執筆だったため、慣れていなかったので、書けなくなるとストレスを感じましたが、そんな時にギターを弾くことで気分転換にもなりずいぶんとギターには助けられました。

やはり、このシンクロニシティに従って正解でした。本当にありがたいシンクロニシティだったなと思いました。先ほどの「父のアドバイス」と同じように、本当に助けられました。

このシンクロニシティをあなたはどう思いますか?

そこには、見えない何者かがメッセージを送ってくれているように感じますでしょうか?

この驚愕のシンクロニシティに関して、あなたはどのように考えますでしょうか。

06

シンクロニシティを圧倒的に増やす方法

この方法は、ある意味、少し変わった視点での方法です。

しかし、この方法もかなり効果がありますので、ここにお伝えしておきます。

シンクロニシティと「見えない存在」に関して

この本では、シンクロニシティの実例を使い、実際に起こった「事実」に焦点を当てて解説を進めてきました。

ところが、このシンクロニシティの真実を伝えようとしますと、どうしても触れておかないといけない項目があるのです。

それは、「見えない存在」とシンクロニシティの関係についてです。

「シンクロファイル42 父の最後のあいさつ」
「シンクロファイル43 あの世の父からのメッセージ」
「シンクロファイル44 あの世から父の一言」

この3つのシンクロニシティでは、確実に「見えない存在」と言いますか、正しくは「見えない親父《おやじ》」が私を助けてくれました。

「見えない親父」は、つまり、見えない存在《おやじ》です。そしてその存在が私のことを「思いやって」

くれ、これらのシンクロニシティが起こりました。

つまり、シンクロファイル42〜44は見えない存在《おやじ》が起こしてくれたシンクロニシティとも言えます。

その視点で考えると、「シンクロファイル45　リモコンが勝手に動く」のケースはいかがでしょうか。

「シンクロファイル12　知りたかった『作曲』情報」も、これは、見えない何者かに起こしてもらったかのようにも見える出来事でした。

「シンクロファイル20　ひざカックンつまずき」もそうでした。

また、「シンクロファイル41　運命の赤い糸」のケースは「あちらの世界」と「こちらの世界」の繋がりを実際に示す実例でした。

事実、このようなシンクロニシティを体験していくと、「見えない親父」や「見えない存在」たちに常に護《まも》られているのではという感覚と「ありがとう」という感謝の気持ちが自然と出てきます。

この**「ありがとう」の感謝の気持ちは、とても良い心の状態になるので、「心や意識がひとつになる場所」に近づいていきます。**

すると、シンクロニシティが起こりやすくなりますし、シンクロニシティに気づきやすくもなるのです。

ときどき「どうして『 K 』さんには、こんなにたくさんのシンクロニシティが起こるのですか？」と尋ねられます。

私としては、「見えない親父」や「見えない存在」たちとシンクロニシティの関係を意識して「世のため人のためになることを常に考えて願い行動している」からだと考えています。

私自身がシンクロニシティを起こしていると考えているのではなく、何者かが私にシンクロニシティを起こしてくれているという感覚です。

そして、シンクロニシティが起きた時は、その「見えない存在」たちに、毎回「ありがとう」と感謝の気持ちを伝えています。

私はこのようにシンクロニシティを捉えています。

そして、このように捉えるようになってから、つまり、シンクロニシティは「見えない存在」たちが起こしてくれていて、「ありがとう」と感謝の気持ちを伝えるようにしてから、シンクロニシティが圧倒的に増えました。

このように考え行動してみたところ、実際にシンクロニシティが増えるという結果を得ました。推論と事実が一致しましたので、これが正解だと考えています。

もちろん、あなた自身、自力で「心や意識がひとつになる場所」に繋がることもできますが、見えない存在たちが「心と意識がひとつになる場所」とあなたを繋いでくれているといったイメージです。

　事実、このようなイメージを持ち、感謝の気持ちを大切に行動していると、格段とシンクロニシティが増えるのです。

シンクロニシティが起きた時には「ありがとう」と感謝の気持ちを持つことでシンクロニシティは確実に増えます。これは実際に、実行してみて本当かどうかを確認してみてください。やってみることでわかります。

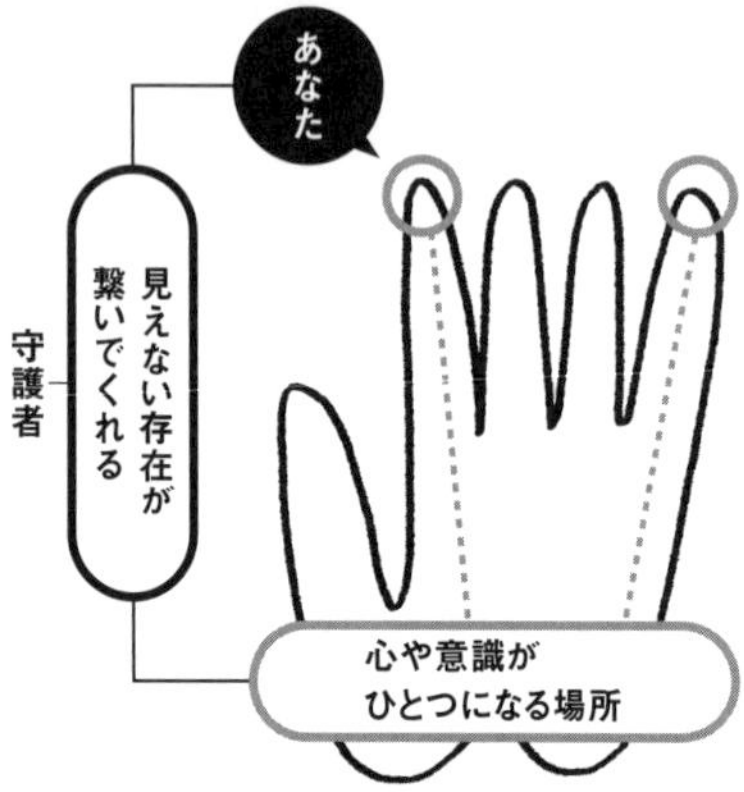

見えない存在にお礼を伝えることが大切

　さて、あなたはどう考えますでしょうか。この本に書かれたシンクロニシティの「事実」から、そして自らのシンクロニシティ体験から、あなたの考えを見つけていただけるとうれしく思います。

SYNCHRO POINT

私たちは護られ、シンクロニシティを通じて成長や幸せに導かれている。そして、シンクロニシティが起きた時は「ありがとう」と感謝の気持ちを伝える

このような姿勢でシンクロニシティと付き合ってみるのもよいかと思います。このような姿勢で生活していると、「揺るぎない人生を生きることができ、シンクロニシティが増える」とお伝えしておきます。

見えない存在、それが真実かどうかはともかく、「自分が何をどう考え、どう生きるのか、そして、その結果、何を得る人生となるか」を考えることが大切です。

そして、この本に書かれているコツを参考に「行動」してみてください。すると、シンクロニシティが確実に増え、より深くシンクロニシティを理解できるようになります。ぜひ、おためしください。

シンクロニシティを届けてくれた人に感謝する

シンクロニシティでは、あなたのことを大切に考えてくれている人たちが、あなたが必要としているモノや情報や出会いを届けてくれます。

そしてそれは、「その人があなたのために動いてくれたからこそ起こるシンクロニシティ」です。

シンクロニシティを届けてくれた人たちには、しっかりと「ありがとう」とお礼の気持ちを伝え、その人たちへの感謝の気持ちを大切にしてください。

実際、「このシンクロニシティが起きたのは、あの人のおかげだな」と起こった出来事を振り返ることで、「シンクロニシティにおける人との繋がりの大切さ」の理解も深まります。心に感謝の気持ちがあると、それに呼応したシンクロニシティが起こります。

あなたの周囲の人たちへの感謝の気持ちを大切にしてください。そうすることで、圧倒的にシンクロニシティに気づきやすくなります。

シンクロニシティにおいて絶対にやらない方がよいこと

ここで、とても重要なことをお伝えしておきます。シンクロニシティにおいて、絶対にやらない方がよいことがあります。

それは、

SYNCHRO POINT

絶対にシンクロニシティに頼らない方がよい

ということです。

シンクロニシティに夢や願いを叶えてもらおうとしてはいけません。シンクロニシティはおまじないではありません。それをしても、絶対に叶いません。

ときどき、近未来を知らせてくれるシンクロニシティが起こりますが、それは絶対的に未来が決定していることを知らせてくれているわけではありません。

たとえば、仕事や試験でも「成就」「合格」を意味するかのようなシンクロニシティが起こることがありますが、そこで気が緩み、努力を止めてしまっては叶うものも叶いません。

「成就」「合格」のシンクロニシティが起きた時は、「成就、合格に向けて、そこからさらに努力や行動をしましょう」というメッセージと解読して、努力や自分磨きを継続するようにしてください。

夢や目標を叶えるのは「あなた自身の努力と行動」しか方法はありません。

シンクロニシティは心理学です。自分自身の心に呼応して起こるのがシンクロニシティです。「自分自身で何とかするぞ！」という心に呼応して、前に進むシンクロニシティが起こるわけです。

シンクロニシティに助けて欲しいと頼ってしまうことは、「自分で何とかするぞ」とはまったくの真逆の心になってしまいます。つまり、前に進むシンクロニシティは起こりません。「自分で努力しないとだめだよ」というシンクロニシティは起こりますが、前に進むシンクロニシティは絶対に起きません。

つまり、**シンクロニシティ自体は、どんな心であってもすべての人に起こりますが、シンクロニシティに助けられる人は、自分で何とかしようと「努力」「行動」をしている人だけ**なのです。

それは、あなたの心に呼応してシンクロニシティは起きるからです。

あなたが前を向いて「自分で何とかするぞ！」と「努力」と「行動」をするのであれば、当然、その前向きな心に呼応して、シンクロニシティは起こります。

「自分で何とかしようと真剣に努力をする」から、その心に呼応して、応えるように「何とかするためのヒントや情報やチャンス」が届けられるわけです。

この構造をしっかりと理解しておいてください。

・自力で何とかしようと努力する　↓　シンクロニシティに助けられる
・自力で何とかしようとしない　↓　シンクロニシティに助けられない

私はシンクロニシティにも神仏にも絶対に頼りません。シンクロニシティにも神仏にも感謝はしています。しかし、頼るということは絶対にしません。

祖母が私のために買ってきてくれた受験の「お守り」すら、「そんなものに頼ったらだめになる。自分の努力で何とかする」と言って受けとることを拒否しました。

それほどまでに神にも頼らず「自力で何とかする」という姿勢で受験をがんばったのですが、実際は、「神仏の助けなどいらない」と言っているのに、多くのシンクロニシティが起こり、一年間で英語の偏差値を30も伸ばすという奇跡的な結果を出して合格してしまいました。浪人ですが。

ちなみに医師に「重度の鬱《うつ》です。回復に3年かかります」と言われたことがあるのですが、「自分で何とかしよう」と考え、シンクロニシティに従って行動したところ、わずか一ヶ月で普通に動けるまでに回復して、三ヶ月で全快させることすらできました。

神仏は助けてくれと頼むと、絶対に助けてくれません。

それなのに、逆に「助けなどいらん！」といって自力で努力していると、いらんと言っているのにわざわざ助けてきます。

私は、本当に神仏はへそ曲がりだと思っています。しかし、本当の本当は、神仏は「自分の足で歩きなさい」と言っているのだと思っています。

このように、じつは、**「絶対に頼らない」「自力で何とかする」という姿勢の人に最も多く前向きでより良いシンクロニシティが起こります。**

もちろん、仕事やチームワークが必要な場面では、すべてを自分ひとりで何とかしようとするのではなく、仲間と協力しあって、助けてもらうことはあります。それはとても大切なことです。しかし、シンクロニシティに関しては、それとはまったく話が別だと考えておいてください。

前向きでより良いシンクロニシティは「頼らない」「自分で何とかしようと努力や行動する」その心に呼応して起こるということを、しっかりと知っておいてください。

シンクロニシティを最大限に活かすための秘訣

それでは最後に、シンクロニシティを活用するための最も大切な秘訣をまとめておきます。

もちろん、シンクロニシティはすべての方に起こります。それに、どんな心の状態であってもその状態に応じてシンクロニシティは起こります。

しかし、シンクロニシティを「最大限に活かすための秘訣」もありますので、お伝えしておきます。

シンクロニシティを最大限に活かすための秘訣とは、愛と調和を前提に、

「本当の自分」「前向き」「努力」「行動」「より良い社会のため」

この5つがシンクロニシティを最大限に活かすための秘訣となります。

「本当の自分」とは、自分が理想とする自分を生きることです。その上で……、

「前向き」でいるとより良いシンクロニシティが増えます。

「前向き」で「努力」していると、シンクロニシティはさらに増えます。

「前向き」に「努力」「行動」すると、シンクロニシティはさらに増えます。

「前向き」に「努力」「行動」を「より良い社会のため」にしますと、最大限にシンクロニシティは起こります。


この本では、かなり奇跡的なシンクロニシティもご紹介してきましたが、あなたがこの5つを実行する時に、奇跡的なシンクロニシティが最大限に起こるのです。

愛と調和のもとに「本当の自分」を生きて「前向き」に「努力」「行動」を「より良い社会のため」にしていますと、最大限にシンクロニシティが必ずあなたの背中を押してくれるように起こるのです。

この5つを大切にしてみてください。この心の状態である時に、シンクロニシティは圧倒的に増えるのです。

これを「愛と調和のもとに実行」してみてください。
シンクロニシティはあなたが正しい人生を生きるのを必ず応援してくれます。

あとがき

シンクロニシティで愛と調和の世界へ

シンクロニシティの世界はいかがだったでしょうか。

シンクロニシティを知り、シンクロニシティの視点でこの世界の現実を見ますと、ちょっと景色が今までとは違って見えてきます。

身の回りで起こる出来事には意味があり、そこには私たちが正しく生きるための道しるべとなるメッセージが届けられています。

一見、不快に思える出来事にすら、私たちを幸せにするためのメッセージがそこにはあるのです。

そのことがわかってきますと、「この出来事にはどういう意味があるのだろうか?」と考えるようになり、自然とイライラしなくなり、穏やかな気持ちになっていきます。

そしてその出来事の意味を理解して行動することで、必ず何らかの良いことに繋がっていくのです。これを体験していくことで、私たちは「自分が護られている」ことを知り、「応援してもらっている」ことを感じ、感謝の気持ちが湧いてきます。

そして、このような視点を私たちが持ち深めていくことで、人生がまったく違った美しい世界にも見えてくるのです。

すると、あなたの人生全体が自然とより愛と調和に向かいます。

そして、そうした方々がこの世界に増えていくことで、この世界がより愛と調和の世界へとなっていくわけです。

ですので、ぜひ、このシンクロニシティの真実を体験して、そして身近な人々にも広めていただきたいと思います。

そうすることで、この世界をより善く、より美しくしていくことができるのです。

私たちは同じ時代を生きる仲間として、ともにこの世界をより善くしていけたらイイなと考えています。

また、この本にはシンクロファイルとしてシンクロニシティの実例が目次にも載っていますので、辞書的にも使っていただけたらうれしく思います。

「シンクロニシティを活用したい」と感じた時には、ときどきこの本を手に取り広げてみてください。この本には、あなたの現状を向上させるヒントが必ず書かれています。

そのヒントをもとに、あなたの思考が変わり、愛と調和のもとに「本当の自分」「前向き」「努力」「行動」「より良い社会のため」に行動していくと、確実にシンクロニシティを活用しやすくなりますので、そのように使っていただけたらうれしく思います。

そして、もしこの本を気に入っていただけましたら、身近な方々にもご紹介していただけたらうれしく思います。

この本をお読みいただき、本当にどうもありがとうございます。

あなたがシンクロニシティを通して、本当の自分を生き、心から幸せな人生を送り、この世界がより良くなっていくことを心より願っています。

「K」

付録

シンクロニシティの分類表

シンクロニシティを系統別に分類してあります。複数の系統に関わるシンクロニシティもあります。どんな種類のシンクロニシティがあるのかを知ると、シンクロニシティに気づきやすくなります。自分が「どの系統のシンクロニシティを体験したことがあるのか」確認してみてください。新たにシンクロニシティが起きた時にも、それがどの系統なのか確認してみてください。そうすることで、よりシンクロニシティに気づきやすくなります。

▼［**プレゼント系**］

プレゼントが届けられるシンクロニシティ

③「ちょうどぴったりサイズの『缶箱』」、④「剣道部顧問の『電信柱』」、⑧「まさかの『煮たまご』チケット」、⑩「興味を持った『NARUTO』が届けられる」、⑳「ひざカックンつまずき」、㉑「友人の御祖母」、㉖「部屋探し」、㉗「『ジュン』という看板」、㊱「アーハのＣＤ」、㊵「毛ガニ」

▼［**ゾロ目系**］

ゾロ目のシンクロニシティ

⑨「初期段階で起こる『ゾロ目』の目撃」、⑯「『５５５』のナンバープレート」

▼**［語呂合わせ系］**

語呂合わせで解読するシンクロニシティ

(16)「『５５５』のナンバープレート」、(17)「『すだち』シンクロニシティ」、(18)「『小鴨《こがも》』シンクロニシティ」、(41)「運命の赤い糸」

▼**［幸運系］**

幸運な出来事のシンクロニシティ

(03)「ちょうどぴったりサイズの『缶箱』」、(07)「『横断歩道』で見事なタイミング」、(08)「まさかの『煮たまご』チケット」、(40)「毛ガニ」

▼**［情報系］**

情報が届けられるシンクロニシティ

(01)「まさかの経路で『連絡先』が届く」、(12)「知りたかった『作曲』情報」、(13)「『広島焼き』シンクロニシティ」、(41)「運命の赤い糸」

▼**［出会い・連絡系］**

出会いが届けられる、連絡がとれるシンクロニシティ

(01)「まさかの経路で『連絡先』が届く」、(02)「龍村仁氏の『エンヤ氏』との出会い」、(11)「会いたかった友人に『バッタリ会う』」

▼**［天職・仕事系］**

天職や仕事に関わるシンクロニシティ

(14)「『ネイルアート』との出会い」、(24)「Ｆ１レーサーのピンチ」、(25)「いきなりの解雇」

▼**［イタイ系］**

考え方や行動を改めるためのシンクロニシティ

(28)「Ｇという名の生き物」、(35)「頭ゴツン！」

▼**［解決系］**

迷いの払拭や問題の解決に導かれるシンクロニシティ

④「剣道部顧問の『電信柱』」、⑤「『エアロスミス』から問題解決へ」、⑥「夢の中で『答え』をささやかれた」、⑫「知りたかった『作曲』情報」、⑱「『小鴨《こがも》』シンクロニシティ」、⑲「夏目漱石の旧札」、㊹「あの世から父の一言」

▼**［予言系］**

予言に関わるシンクロニシティ

⑰「『すだち』シンクロニシティ」、㉚「バッタ」、㉜「祖父の靴ひも」

▼**［夢・眠り系］**

夢の中でヒントを受けとるシンクロニシティ

⑥「夢の中で『答え』をささやかれた」、⑫「知りたかった『作曲』情報」

▼**［警告系］**

キケンを知らせてくれるシンクロニシティ

㉒「クルマの割り込み」、㉛「お腹が痛い」

▼**［守護系］**

キケンから護ってくれるシンクロニシティ

㉒「クルマの割り込み」、㉛「お腹が痛い」、㉜「祖父の靴ひも」

▼**［モヤモヤ系］**

心のモヤモヤに耳を傾け、行動することで起こるシンクロニシティ

⑤「『エアロスミス』から問題解決へ」、㊱「アーハのＣＤ」

▼**［気になる系］**

なんとなく気になることを行動に移すシンクロニシティ

⑰「『すだち』シンクロニシティ」、㉗「『ジュ

ン』という看板」、㊲「映画『シェフ！』」

▼［なんとなく頭に浮かぶ系］

頭に浮かぶことを実行することで起こるシンクロニシティ

④「剣道部顧問の『電信柱』」、⑪「会いたかった友人に『バッタリ会う』」、⑫「知りたかった『作曲』情報」、㊱「アーハのＣＤ」、㊲「映画『シェフ！』」

▼［好きなこと系］

好きなことを行動に移すことで起こるシンクロニシティ

⑭「『ネイルアート』との出会い」、㊲「映画『シェフ！』」

▼［不快系］

一見不快に感じることからくるシンクロニシティ

㉒「クルマの割り込み」、㉓「捨てられていたゴミ」、㉘「Ｇという名の生き物」、㉟「頭ゴッン！」

▼［うれしい系］

うれしい出来事からくるシンクロニシティ

㉝「ハート形」、㊵「毛ガニ」

▼［以心伝心系］

人と気持ちが繋がるシンクロニシティ

「体育祭や文化祭で心がひとつに」（42ページ）、「葡萄」（45ページ）、「友人からの電話」（50ページ）

▼［大切に想ってくれている人から系］

自分のことを大切に想ってくれている人からくるシンクロニシティ

「葡萄」（45ページ）、「トラベラーズチェック」（180ページ）

▼[**遭遇系**]

耳や目に飛び込んできた言葉やシーンからくるシンクロニシティ

「街中ですれ違った人の言葉」（226ページ）、「ふと目にしたシーン」（226ページ）

▼[**相手がある系**]

相手との一致により起こるシンクロニシティ

⑦『横断歩道』で見事なタイミング」、⑪「会いたかった友人に『バッタリ会う』」、㊶「運命の赤い糸」

▼[**3回以上系**]

3回以上、目や耳にする言葉や出来事からくるシンクロニシティ

「3回以上、目や耳にする言葉や出来事」（223ページ）

▼[**珍しい系**]

珍しい出来事からくるシンクロニシティ

⑱「『小鴨《こがも》』シンクロニシティ」、⑲「夏目漱石の旧札」、㉙「オオルリアゲハ」、㉝「ハート形」

▼[**ピンチ系**]

ピンチな出来事からくるシンクロニシティ

㉔「F1レーサーのピンチ」、㉕「いきなりの解雇」

▼[**たどる系**]

ひとつひとつの行動をたどり、目的に到達するシンクロニシティ

⑬「『広島焼き』シンクロニシティ」、⑭「『ネイルアート』との出会い」

▼[**本・映画系**]

本・映画などからのシンクロニシティ

㉞「本が倒れる」、㊲「映画『シェフ！』」、㊳

「姫とクイーン」

▼［**看板系**］

看板や広告などの文字などからくるシンクロニシティ

⑰「『すだち』シンクロニシティ」、㉖「部屋探し」、㉗「『ジュン』という看板」

▼［**メッセージ系**］

メッセージが届けられるシンクロニシティ

⑱「『小鴨《こがも》』シンクロニシティ」、⑲「夏目漱石の旧札」、⑳「ひざカックンつまずき」、㉓「捨てられていたゴミ」、㉖「部屋探し」、㉗「『ジュン』という看板」、㉘「Gという名の生き物」、㉙「オオルリアゲハ」、㉝「ハート形」、㉟「頭ゴツン！」、㊲「映画『シェフ！』」、㊸「あの世の父からのメッセージ」、㊺「リモコンが勝手に動く」

▼［**助かり系**］

思わず助けられるシンクロニシティ

⑦「『横断歩道』で見事なタイミング」、⑪「会いたかった友人に『バッタリ会う』」、⑫「知りたかった『作曲』情報」

▼［**意味調べ系**］

象徴的な意味を調べることで解読するシンクロニシティ

㉙「オオルリアゲハ」、「花言葉」（241ページ）

▼［**象徴系**］

そのモノが象徴として表すメッセージのシンクロニシティ

⑲「夏目漱石の旧札」、㉘「Gという名の生き物」、㉙「オオルリアゲハ」、「花言葉」（241ページ）、㉝「ハート形」、㊴「天使」

▼［**身体反応系**］
身体の反応からくるメッセージのシンクロニシティ
⑳「ひざカックンつまずき」、㉟「頭ゴツン！」

▼［**チャンス系**］
チャンスが届けられるシンクロニシティ
⑮「グライダーの奇跡」、㉔「Ｆ１レーサーのピンチ」、㉕「いきなりの解雇」

▼［**応援系**］
人生の応援をしてくれるシンクロニシティ
㉝「ハート形」、㊸「あの世の父からのメッセージ」、㊹「あの世から父の一言」、㊺「リモコンが勝手に動く」

▼［**モノ系**］
モノが知らせてくれるシンクロニシティ
⑩「興味を持った『NARUTO』が届けられる」、㉞「本が倒れる」、㊳「姫とクイーン」、㊴「天使」、㊵「毛ガニ」、㊺「リモコンが勝手に動く」

▼［**生き物系**］
生き物が知らせてくれるシンクロニシティ
㉘「Ｇという名の生き物」、㉙「オオルリアゲハ」、㉚「バッタ」

▼［**不思議・神秘系**］
ちょっと不思議で神秘的なシンクロニシティ
⑫「知りたかった『作曲』情報」、⑳「ひざカックンつまずき」、㉜「祖父の靴ひも」、㉞「本が倒れる」、㊴「天使」、㊶「運命の赤い糸」、㊷「父の最後のあいさつ」、㊸「あの世の父からのメッセージ」、㊹「あの世から父の一言」、㊺「リモコンが勝手に動く」

参考文献

『地球《ガイア》のささやき』　龍村仁（KADOKAWA）

『運命の法則』　天外伺朗（ゴマブックス）

『すべては宇宙の采配』　木村秋則（東邦出版）

著者プロフィール

「　K　」

けい

作家。講演家。音楽家。シンクロニシティ研究家。毎年年間100件以上のシンクロニシティを体験。自身のシンクロニシティ体験から、シンクロニシティの解読法（世界初）を発明し提唱している。

名古屋外国語大学外国語学部英米語学科卒業。英語科教員免許と日本語教師の資格を持つ。

剣道三段。ヴォーカリスト。ギタリスト。好きな音楽はクラシックとヘビー・メタル。趣味は読書とピアノとCGと映画鑑賞とジョーク。

「- Arcadia Rose - 」
https://blog.excite.co.jp/arcadiarose/

シンクロニシティ 徹底解説読本

あなたに届けられる「贈り物」を見つける方法

SYNCHRONICITY

2021年6月30日　第1版第1刷

著　者　　K

発行者　　伊藤岳人
発行所　　株式会社廣済堂出版
〒101-0052
東京都千代田区神田小川町2-3-13
M&Cビル7F
電話　03-6703-0964(編集)
　　　03-6703-0962(販売)
FAX　03-6703-0963(販売)
振替　00180-0-164137
https://www.kosaido-pub.co.jp

印刷・製本　　株式会社廣済堂

アートディレクション　北田進吾
デザイン　北田進吾・畠中脩大(キタダデザイン)
イラスト　浅妻健司
本文DTP　株式会社明昌堂

ISBN978-4-331-52334-6 C0095